D1723491

Siegfried Höfinger

Lehrprüfung und Lehrbeanstandung im Recht der katholischen Kirche

Eine kanonistische Studie

Bachelor + Master
Publishing

Höfinger, Siegfried: Lehrprüfung und Lehrbeanstandung im Recht der katholischen Kirche. Eine kanonistische Studie, Hamburg, Diplomica Verlag GmbH 2012
Originaltitel der Abschlussarbeit: Lehrprüfung und Lehrbeanstandung im Recht der katholischen Kirche

ISBN: 978-3-86341-437-5
Druck: Bachelor + Master Publishing, ein Imprint der Diplomica® Verlag GmbH, Hamburg, 2012
Zugl. Universität Wien, Wien, Österreich, MA-Thesis / Master, Juni 2012

Bibliografische Information der Deutschen Nationalbibliothek:
Die Deutsche Nationalbibliothek verzeichnet diese Publikation in der Deutschen Nationalbibliografie; detaillierte bibliografische Daten sind im Internet über http://dnb.d-nb.de abrufbar.

Die digitale Ausgabe (eBook-Ausgabe) dieses Titels trägt die ISBN 978-3-86341-937-0 und kann über den Handel oder den Verlag bezogen werden.

Inhaltsverzeichnis

1. Einleitung

Als an die Lehre und den Glauben der Kirche gebundene Wissenschaft unterscheidet die Theologie „sich hinsichtlich der objektiven Gebundenheit nur graduell, nicht aber in wesentlichen Bezügen von anderen wissenschaftlichen Disziplinen."[1]

Unter der Voraussetzung, dass die Kirche Gemeinschaft eines Glaubens ist, und dieser Glaube auf bestimmten geoffenbarten Wahrheiten aufruht, ist die Theologie auf diese Fundamente verwiesen. Wer eine dieser „den Glauben begründenden Wahrheiten leugnet, bricht aus dieser Gemeinschaft des Glaubens aus; deshalb geschieht ihm kein Unrecht, wenn die Instanzen, die in dieser Gemeinschaft des Glaubens über die sachliche wie formale Unversehrtheit der Lehre wachen, ihm das Recht entzieht (sic!), im Raum dieser Gemeinschaft zu lehren."[2]

Aus juristischer Sicht „verlangen eine Lehrbeanstandung und deren Folgen eine Rechtsgrundlage. Wer im Auftrag der kirchlichen Autorität katholische Theologie lehrt, muß Inhalt und Umfang der ihm dabei obliegenden Rechtspflichten kennen. Er muß wissen, welche Sanktionen ihn bei einer Verletzung der Rechtspflichten treffen werden oder können. Unklarheiten schaffen Rechtsunsicherheit."[3]

Ziel der vorliegenden Arbeit ist es, die Rechtsgrundlagen der Lehrbeanstandung in der katholischen Kirche – ausgehend von ihren historischen Voraussetzungen – darzustellen, auf allfällige Unzulänglichkeiten hinzuweisen und Unklarheiten aufzuzeigen. Dies soll stets von dem Bemühen getragen sein, in der einschlägigen Fachliteratur genannte Verbesserungsvorschläge dankbar aufzugreifen, um auf diese Weise – in aller gebotenen Bescheidenheit – einen Beitrag zur Erhöhung der Rechtssicherheit auf diesem sensiblen Terrain zu leisten.

Bei der Lehrbeanstandung in der katholischen Kirche handelt es sich keineswegs um ein Massenphänomen. Dieser Feststellung kann die Beobachtung gegenübergestellt werden, dass ein derartiges Verfahren für den betroffenen Autor existenzbedrohend werden kann, was

---

[1] Neumann, Johannes: „Zur Problematik lehramtlicher Beanstandungsverfahren", in: Tübinger Theologische Quartalschrift (ThQ) 149 (1969) [259]-281, [259].

[2] Ebd.

[3] Böckenförde, Werner: „Lehrbeanstandung in der röm.-kath. Kirche und das Verfahren der Kongregation für die Glaubenslehre. Anmerkungen aus juristischer Sicht", in: Zeitschrift für evangelisches Kirchenrecht (ZevKR) 32 (1987) [258]-279, 263.

nicht nur gilt, wenn „gegen ihn Sanktionen verhängt werden, etwa ein Entzug der Lehrbefugnis, sondern auch schon dann, wenn nur vor seinen Schriften gewarnt wird."[4]

Als ein weiteres Merkmal der Lehrbeanstandung kann festgehalten werden, dass es im Allgemeinen von einer kritischen Öffentlichkeit aufmerksam verfolgt wird, wobei die Sympathien der Beobachter von vornherein dem inkriminierten Autor gelten. Unabhängig davon, um welche Lehren es im Einzelnen geht, „sehen Außenstehende den in Frage gestellten Autor in der Rolle eines Dissidenten, der zu Unrecht verfolgt wird, so wie ein Journalist oder eine Menschenrechtlerin in einem politischen System ohne Meinungsfreiheit."[5] Lehrbeanstandungsverfahren stehen daher häufig im Mittelpunkt medialen Interesses.

Bei den Betroffenen dieser Verfahrenstyps handelt es sich exklusiv um die Berufsgruppe der Theologen. Während Bischöfe sich vage ausdrücken und heikle Fragen umgehen können, wird von Theologen, die als Lehrer und Autoren tätig sind, erwartet, dass sie Stellung zu bestimmten Themen beziehen und sich einer klaren und verständlichen Sprache bedienen. Wenn ihre Schriften kritisiert werden, können „sie sich nicht darauf hinausreden, falsch zitiert worden zu sein."[6]

Theologen stehen mit ihren Lehren, Schriften und Interpretationen naturgemäß unter besonderer Beobachtung der zentralen Kirchenleitung, weil sie das in Ausbildung befindliche, angehende Personal der Kirche, d.h. zukünftige Priester, Diakone, Katecheten, Pastoralassistenten und Religionspädagogen, unterrichten. Bei Nichtübereinstimmung ihrer Ansichten mit der Linie des kirchlichen Magisteriums sieht sich der Vatikan „in der Rolle des Wächters der dogmatischen Einheit, auch wenn er dafür Theologen disziplinieren oder zum Schweigen bringen muss."[7]

Thomas Reese gibt zu bedenken, dass das Verhältnis zwischen Theologen und Papsttum nicht immer antagonistisch war. In der Vergangenheit war es oft das Papsttum, „das Theologen und Universitäten vor den Einmischungen von Ortsbischöfen und säkularen Autoritäten

---

[4] Rhode, Ulrich: „Die Lehrprüfungs- und Lehrbeanstandungsverfahren", in: Müller, Ludger (Hrsg.): Rechtsschutz in der Kirche, Wien/Berlin 2011 (= Kirchenrechtliche Bibliothek; Band 15) 39-57, 39.
[5] Ebd.
[6] Reese, Thomas J.: Im Inneren des Vatikan. Politik und Organisation der katholischen Kirche. Mit einem Nachwort von Otto Kallscheuer, Frankfurt am Main [4]2005, 344.
[7] Ebd.

schützte. Wurde einer Universität die päpstliche Charta verliehen, war damit automatisch ein gewissen Ausmaß an Autonomie und Unabhängigkeit gewährleistet."[8]

Während somit in früheren Zeiten die akademischen Gremien eine Selbstkontrolle ausübten, führten die Erfindung der Druckerpresse mit beweglichen Lettern und die protestantische Reformation zu zunehmenden Bemühungen der Kurie um Unterdrückung häretischer Äußerungen, wobei jedoch immer noch „im wesentlichen die örtlichen Inquisitionsgerichte, nicht Rom, die Untersuchungsverfahren anstrengten und Häretiker zum Schweigen verurteilten."[9]

Für die Gegenwart konstatiert Reese den Versuch der obersten Kirchenleitung, „die Kontrolle über katholische Theologen schrittweise zu verschärfen", worin die Ansicht des Vatikans zum Ausdruck komme, dass „Theologen dem ordentlichen Lehramt zu dienen und dieses keinesfalls in Frage zu stellen haben – eine Einstellung, die mit dem heutigen Verständnis von akademischer Freiheit kaum in Einklang zu bringen ist."[10]

Indessen betrachten sich viele Theologen einfach nicht „als offizielle Vertreter der Kirche, die ‚im Namen der Kirche' lehren, sondern als Professoren, die ihre Lehrberechtigung aus ihrer Ausbildung und Kompetenz beziehen. Im Übrigen ist die Trennung zwischen Lehre und Forschung ihrer Meinung nach völlig künstlich, da ein guter Lehrer notwendigerweise forschen muss."[11]

Wie Reese darlegt, muss ein Theologe „zwar die Ansichten des Papstes und der Bischöfe exakt und respektvoll darlegen, aber gleichzeitig in der Lage sein, sie zu evaluieren und seine eigene Meinung zum Ausdruck zu bringen, vor allem wenn es sich nicht um unfehlbare Lehre handelt."[12] Das Zweite Vatikanum habe – so Reese – die Ansicht unterstützt, dass mehr Freiheit für Diskussion und Forschung geboten ist, indem es frühere Positionen des römischen Lehramts revidierte. So kam es zur Rehabilitation von in den 1950er-Jahren noch beargwöhnten Theologen, womit das Konzil implizit die Legitimität und sogar den Wert des Dissenses bestätigte.[13]

---

[8] Ebd.
[9] Ebd.
[10] Reese 2005, 345.
[11] Reese 2005, 347.
[12] Ebd.
[13] Reese 2005, 348.

Diese Theologen wurden durch ihre Berufung und Mitarbeit am Konzil rehabilitiert. Ob die gegen sie verhängten Sanktionen formell aufgehoben waren oder nicht, spielte keine Rolle. Die Verdikte gegen die Dominikaner Marie-Dominique Chenu und Yves Congar sowie den Jesuiten Henri de Lubac waren noch in den frühen fünfziger Jahren unter dem Pontifikat Pius XII. ergangen, während Karl Rahner noch an Pfingsten 1962 – als er bereits an der Vorbereitung für das Konzil mitarbeitete – von einer Vorzensur seiner Arbeiten getroffen wurde. Die Sanktion gegen letzteren wurde ein Jahr später aufgehoben.[14] „In dem Masse, als diese ganze Art des Umgangs des Heiligen Offiziums mit den Theologen bekannt wurde, verbreitete sich ein Gefühl der Beschämung. Viele am Konzil waren überzeugt, so etwas könne und dürfe nicht mehr vorkommen."[15]

Im Anschluss an die während des Zweiten Vatikanischen Konzils erhobenen Forderungen, „auch denen, die den Glauben verkünden und die Glaubenswahrheiten erforschen, größeren rechtlichen Schutz zukommen zu lassen, wurden – allerdings unterschiedliche – Ordnungen für die Prüfung theologischer Lehraussagen und Lehrbeanstandungsverfahren erlassen. Das kirchliche Gesetzbuch nimmt darauf keinen Bezug."[16]

---

[14] Vgl. Kaufmann, Ludwig: Ein ungelöster Kirchenkonflikt: Der Fall Pfürtner. Dokumente und zeitgeschichtliche Analysen, Freiburg (Schweiz) 1987, 17f.

[15] Kaufmann 1987, 18.

[16] Heinemann, Heribert: „Schutz der Glaubens- und Sittenlehre", in: Listl, Joseph/Schmitz, Heribert (Hrsg.): HdbKathKR [2]1999, 708-721, 709.

2. Das gesamte Gottesvolk als Träger der Lehrverkündigung und die besondere Zuständigkeit des kirchlichen Lehramts

Zur Frage der Bewahrung, Erforschung und Weitergabe des Glaubensschatzes als der Kirche und damit allen Glaubenden aufgetragene Aufgabe formuliert das geltende Gesetzbuch der lateinischen Kirche wie folgt:

> Can. 747 — § 1. Christus der Herr hat der Kirche das Glaubensgut anvertraut, damit sie unter dem Beistand des Heiligen Geistes die geoffenbarte Wahrheit heilig bewahrt, tiefer erforscht und treu verkündigt und auslegt; daher ist es ihre Pflicht und ihr angeborenes Recht, auch unter Einsatz der ihr eigenen sozialen Kommunikationsmittel, unabhängig von jeder menschlichen Gewalt, allen Völkern das Evangelium zu verkündigen.
>
> § 2. Der Kirche kommt es zu, immer und überall die sittlichen Grundsätze auch über die soziale Ordnung zu verkündigen wie auch über menschliche Dinge jedweder Art zu urteilen, insoweit die Grundrechte der menschlichen Person oder das Heil der Seelen dies erfordern.

Diese Regelung steht an der Spitze einer Reihe einleitender Canones, die für alle folgenden Titel des kodikarischen Verkündigungsrechts gelten. Es handelt sich dabei gewissermaßen um die Grundnorm des Verkündigungsrechts. Es geht dabei um die Sicherung der Identität der christlichen Lehre, wozu auch rechtliche Mittel beitragen können. Dazu gehören etwa die Bevollmächtigung des Verkündigenden und Verfahrensfragen bei Delikten. Als Gliederungsschema der Norm des c. 747 dienen die Stichworte „fides" und „mores": in § 1 geht es um die Verkündigung des Glaubensgutes, in § 2 um die Verkündigung der Sittenlehre der Kirche.[17]

Mit der Weitergabe der göttlichen Offenbarung hat sich das Zweite Vatikanische Konzil in der Konstitution *Dei Verbum* (Kapitel II, Die Weitergabe der göttlichen Offenbarung, Art. 7) auseinandergesetzt:

> Was Gott zum Heil aller Völker geoffenbart hatte, das sollte – so hat er in Güte verfügt – für alle Zeiten unversehrt erhalten bleiben und allen Geschlechtern weitergegeben werden. Darum hat Christus der Herr, in dem die ganze Offenbarung des höchsten Gottes sich vollendet (vgl. 2 Kor 1,20; 3,16 - 4,6), den Aposteln geboten, das Evangelium, das er als die Erfüllung der früher ergangenen prophetischen Verheißung selbst gebracht und persönlich öffentlich verkündet hat, allen zu predigen als die Quelle jeglicher Heilswahrheit und Sittenlehre und ihnen so göttliche Gaben mitzuteilen.

---

[17] Die Ausführungen zur Frage der Bewahrung, Erforschung und Weitergabe des Glaubensschatzes folgen der Darstellung im Skriptum zur Vorlesung „Verkündigungsrecht" von Prof. Ludger Müller (Wien; ungedruckt).

Dieser Text nennt zwei Inhalte der göttlichen Verfügung hinsichtlich der Offenbarung: Bewahrung und Weitergabe. Bei der getreuen Darlegung des Wortes Gottes geht es um das Glaubensgut. Der lateinische terminus technicus für das Glaubensgut heißt *depositum fidei*, wobei depositum das anvertraute Gut bezeichnet. Dieses darf aber nicht vergraben werden, um es vor Verlust zu bewahren. Hinter dem Begriff des depositum fidei steht das Rechtsinstitut des Depositenvertrags, wobei der griechische Begriff Paratheke im römischen Recht mit depositum wiedergegeben wird, also mit dem Wort, das auch c. 747 § 1 CIC verwendet. Damit wird zum Ausdruck gebracht, dass das Glaubensgut der Kirche treuhänderisch anvertraut ist.

In *Dei verbum* Art. 8 Abs. 2 wird dieser wesentliche Aspekt der apostolischen Aufgaben der Kirche wie folgt formuliert:

> Diese apostolische Überlieferung kennt in der Kirche unter dem Beistand des Heiligen Geistes einen Fortschritt: es wächst das Verständnis der überlieferten Dinge und Worte durch das Nachsinnen und Studium der Gläubigen, die sie in ihrem Herzen erwägen (vgl. Lk 2,19.51), durch innere Einsicht, die aus geistlicher Erfahrung stammt, durch die Verkündigung derer, die mit der Nachfolge im Bischofsamt das sichere Charisma der Wahrheit empfangen haben; denn die Kirche strebt im Gang der Jahrhunderte ständig der Fülle der göttlichen Wahrheit entgegen, bis an ihr sich Gottes Worte erfüllen.

Der rechte Umgang mit dem anvertrauten Wort Gottes hat nach der Lehre der Dogmatischen Konstitution über die göttliche Offenbarung also einen dreifachen Inhalt: Bewahren, Erforschen und Weitergabe des Glaubens.

Nach *Dei Verbum* Art. 8 Abs. 2 kommt sowohl allen Gläubigen als auch den Bischöfen eine Aufgabe hinsichtlich der Weitergabe der göttlichen Offenbarung zu. Der Dienst am Wort Gottes ist also allen Gläubigen aufgetragen: durch Taufe und Firmung ist allen Christgläubigen Anteil am prophetischen Amt Christi übertragen worden.

Der Anteil der gesamten Kirche am prophetischen Amt Christi wird in *Lumen Gentium* Art. 12 Abs. 1 mit aller Klarheit gelehrt:

> Das heilige Gottesvolk nimmt auch teil an dem prophetischen Amt Christi, in der Verbreitung seines lebendigen Zeugnisses vor allem durch ein Leben in Glauben und Liebe, in der Darbringung des Lobesopfers an Gott als Frucht der Lippen, die seinen Namen bekennen (vgl. Hebr 13,15).

Von der Berufung aller Christgläubigen zur Bewahrung, Erforschung und Weitergabe des geoffenbarten Glaubensgutes muss das kirchliche Lehramt unterschieden werden. Dabei geht es um eine formale Unterscheidung, insofern die Ausübung des kirchlichen Lehramtes auf einem besonderen Auftrag beruht, der über die in Taufe und Firmung gegebene Sendung hinausgeht. Diese Vollmacht wird in der Weihe auf die Bischöfe übertragen. Diese sind die Träger des hoheitlichen Lehramtes der Kirche, die „als mit der Autorität Christi ausgerüstete Lehrer den authentischen Glauben zu bezeugen haben."[18]

Die Grundlage für diese Auffassung finden wir in *Lumen Gentium* Art. 18, womit das dritte Kapitel der Konstitution mit der Überschrift „Die hierarchische Verfassung der Kirche, insbesondere das Bischofsamt" eingeleitet wird:

> Um Gottes Volk zu weiden und immerfort zu mehren, hat Christus der Herr in seiner Kirche verschiedene Dienstämter eingesetzt, die auf das Wohl des ganzen Leibes ausgerichtet sind. Denn die Amtsträger, die mit heiliger Vollmacht ausgestattet sind, stehen im Dienste ihrer Brüder, damit alle, die zum Volke Gottes gehören und sich daher der wahren Würde eines Christen erfreuen, in freier und geordneter Weise sich auf das nämliche Ziel hin ausstrecken und so zum Heile gelangen.

Im Rahmen ihrer Aufgaben ist das kirchliche Lehramt für die Kontinuität und Identität der Glaubensverkündigung zuständig. Das Glaubensgut und der Inhalt der Glaubensverkündigung müssen gleich bleiben, zugleich muss die Glaubensverkündigung aber so geschehen, dass sie auch die Menschen von heute erreicht. Dieses Ziel kann aber nur erreicht werden, wenn die Glaubensverkündigung von den Menschen als relevant wahrgenommen wird. Daraus resultiert ein Dilemma, das von dem protestantischen Theologen Jürgen Moltmann präzise beschrieben wurde.

Nach Moltmann stehen die christliche Existenz von Theologien, Kirchen und Menschen heute mehr denn je in einer doppelten Krise: der *Relevanzkrise* und der *Identitätskrise*, wobei beide Krisen komplementär zusammenhängen. „Je mehr Theologie und Kirche in den Problemen der Gegenwart relevant zu werden versuchen, um so tiefer werden sie in eine Krise ihrer eigenen christlichen Identität hineingezogen. Je mehr sie ihre Identität in traditionellen Dogmen, Riten und Moralvorstellungen zu behaupten versuchen, um so irrelevanter

---

[18] Aymans, Winfried: „Begriff, Aufgabe und Träger des Lehramts", in: Listl, Joseph/Schmitz, Heribert (Hrsg.): HdbKathKR ²1999, [659]-669, 660.

und unglaubwürdiger werden sie. Diese Doppelkrise kann zutreffender als *identity-involvement-dilemma* bezeichnet werden."[19]

Aufgrund der Komplementarität beider Krisen gilt somit: „Wo Identität gefunden wird, wird Relevanz fraglich. Wo Relevanz erreicht wird, wird Identität fraglich. Wir können diese Doppelkrise jetzt im Blick auf den christlichen Glauben so präzisieren, daß jede dieser Krisen nur die Kehrseite der anderen ist und darum beide Krisen auf einen Nenner gebracht werden können. [...] Christliche Existenz ist in der Nachfolge des Gekreuzigten eine den Menschen selbst und die Verhältnisse verändernde Praxis."[20]

Nunmehr besteht aber „das Glaubensleben der Kirche nicht in einem bloßen Gegenüber von Autorität und Gehorsam, von Über- und Unterordnung. Die Besonderheit des rechtlichen Wesens der Lehrautorität ist es, dass sie weder eine ‚Autorität über die Kirche' noch eine ‚Autorität der Kirche' ist, sondern eine ‚Autorität in der Kirche'; einem Glaubensurteil [...] unterliegen die Träger des hoheitlichen Lehramtes selbst, gleichsam als erste Gläubige der Kirche."[21] So kommt es zu einer wechselseitigen Beziehung, die man „die Communio-Struktur des Glaubenslebens der Kirche nennen [kann]. Darin sind die apostolische Autorität und die Gemeinschaft der Gläubigen in einer Weise verbunden, dass der Glaube der Kirche unter den veränderlichen Bedingungen von Raum und Zeit bewahrt und entfaltet werden kann, ohne dass das Lehramt zu einer Willkürherrschaft in Glaubenssachen entartet oder der Glaubenssinn der Gläubigen zu bloßen Modeansichten in Hinblick auf den Glauben verflacht."[22]

---

[19] Moltmann, Jürgen: Der gekreuzigte Gott. Das Kreuz Christi als Grund und Kritik christlicher Theologie, München 1972, [12].
[20] Moltmann 1972, 29f.
[21] Aymans 1999, 668f.
[22] Aymans 1999, 669.

3. Schutz der Glaubens- und Sittenlehre

Wenn wir nun die Frage stellen, welche rechtlichen Mittel dem kirchlichen Lehramt zur Erfüllung dieser Aufgaben zur Verfügung stehen, so sind dies im Wesentlichen drei:

1.) Die geordnete Übertragung und Weitergabe der amtlichen Lehrvollmacht, wobei nach der Lehre des Konzils „durch die Bischofsweihe die Fülle des Weihesakraments übertragen wird. [...] Die Bischofsweihe überträgt mit dem Amt der Heiligung auch die Ämter der Lehre und der Leitung, die jedoch ihrer Natur nach nur in der hierarchischen Gemeinschaft mit Haupt und Gliedern des Kollegiums ausgeübt werden können" (LG Art. 21 Abs. 2), während „Priesterweihe und Diakonenweihe eine graduell abgestufte Teilhabe an dem Weihesakrament vermitteln (LG Art. 28 und 29). Alle drei Stufen bilden zusammen die Hierarchie; dies bedeutet, dass ihre Glieder in verschiedenem Umfang befähigt sind, Träger geistlicher Vollmacht zu sein."[23]

2.) Das Aufstellen von Bekenntnisformeln: Dem kirchlichen Lehramt kommt die Formulierung von Texten zu, die in verbindlicher Weise den Glauben der Kirche zum Ausdruck bringen (Glaubensformeln, Glaubensbekenntnisse, Symbola und Dogmen).

3.) Die Vertiefung des Verständnisses des Glaubensgutes in der theologischen Forschung und Lehre: Hierbei kann eine doppelte Funktion des Lehramtes unterschieden werden, einmal in negativer Weise: bei der Sicherung und dem Schutz des Glaubens vor Verfälschung – diese Funktion stand bislang fast ausschließlich im Vordergrund, wenn es um die Beziehung zwischen wissenschaftlicher Theologie und kirchlichem Lehramt ging –, ein andermal in positiver Weise: bei der Förderung vertiefter Erkenntnis des Glaubensgehaltes.

Wir können also festhalten, dass eine uneingeschränkte „Verpflichtung des gesamten Volkes Gottes, insbesondere der Theologen, in Zusammenarbeit mit den Hirten für die Reinerhaltung des Glaubens und der Sittenlehre Sorge zu tragen",[24] besteht.

---

[23] Aymans 1999, 244.
[24] Heinemann 1999, 708.

15

4. Sorge der Hirten der Kirche für die Bücher

Die Bestimmungen des *Codex Iuris Canonici* von 1917 betreffend die Sorge für die Bücher (Caput I: De praevia librorum censura, cc. 1385-1394; Caput II: De prohibitione librorum, cc. 1395-1405) mit den Rechtsaussagen über die Druckerlaubnis („Imprimatur") sind neugeordnet und „durch Rechtsaussagen zu anderen Medien erweitert worden. Das ist einsichtig, nachdem das Zweite Vatikanische Konzil den Kommunikationsmitteln in einem eigenen Dekret seine Aufmerksamkeit zugewandt hat."[25] Dabei handelt es sich um das Dekret über die sozialen Kommunikationsmittel *Inter mirifica*.

Die in Caput I geregelte *vorausgehende* Prüfung und Beurteilung der Bücher lassen sich „bis ins 15. Jahrhundert zurückverfolgen und ergeben sich mit Konsequenz aus der Erfindung der Buchdruckerkunst."[26] Dabei sollte man nicht übersehen, dass Zensur bis ins frühe Christentum zurückgeht. Nach dem Münsteraner Kirchenhistoriker Hubert Wolf bietet das *Decretum Gelasianum* von 494 „erstmals so etwas wie einen Index der verbotenen Bücher, eine Liste von rund sechzig apokryphen und häretischen Werken – allerdings noch ohne die Androhung von Sanktionen."[27] Dieses unter dem Namen des Papstes Gelasius I. überlieferte Werk – eigentlich: *Decretum Gelasianum de libris recipiendis et non recipiendis* – wurde jedoch als Falsum entlarvt.[28]

Auch im Mittelalter wurden einzelne Autoren und ihre Werke von der Kirche verurteilt. Beispielsweise: Berengar von Tours (1050), Petrus Abaelard (1120), Johannes Scotus Eriugena (1225), Marsilius von Padua (1327), John Wyclif (1387, 1413) oder Jan Hus (1415). Der jüdische Talmud „wurde mehrfach verboten und verbrannt, so in Paris 1242. Die Werke des Aristoteles waren von der Sorbonne 1210 und 1230 verboten worden, seine Bücher wurden jedoch nicht verbrannt, sondern von Dominikanern und Franziskanern konfisziert."[29]

Produktion, Verkauf, Lektüre und Besitz der Schriften Martin Luthers waren im *Wormser Edikt* 1521 „unter Androhung harter Strafen verboten worden. Der Kaiser folgte hier den

---

[25] Heinemann 1999, 709.
[26] Ebd.
[27] Wolf, Hubert: Index. Der Vatikan und die verbotenen Bücher, München 2007, 14.
[28] Vgl. LThK ³2006, Stichwort „Gelasius, Päpste: Gelasius I.".
[29] Wolf 2007, 15.

römischen Vorgaben, denn mit der Bulle ‚Exsurge Domine' waren 1520 Luthers Werke vom Papst verdammt worden."[30]

Die Sorbonne in Paris veranlasste im Jahr 1544 erstmals „die Publikation eines Verzeichnisses mit 230 gefährlichen Büchern in lateinischer und französischer Sprache. In rascher Folge kamen in den Jahren 1545, 1547, 1549, 1551 und 1556 erweiterte Neuauflagen des Katalogs auf den Markt. Sie umfassten schließlich 530 Bücher, 278 lateinische und 258 französische. Zumeist handelte es sich um theologische Traktate, Polemiken und andere Werke der Reformatoren und ihrer Anhänger."[31] Es liegt auf der Hand, dass Kataloge dieser Art erst nach der Erfindung des Buchdrucks notwendig waren. Davor war es ausreichend, ein handschriftlich verbreitetes Exemplar eines als gefährlich angesehenen Werks einfach dem Feuer zu übergeben. Dem Sorbonner Vorbild „folgte in den Jahren 1546, 1550 und 1558 der Index der Universität Löwen. Er umfasste schließlich 450 Bücher, darunter 60 Ausgaben der Heiligen Schrift und des Neuen Testaments."[32]

Im Jahr 1549 erschien in Venedig der erste *Index librorum prohibitorum* des Nuntius Giovanni della Casa (1503-1556). Er enthielt „149 Bücherverbote in drei Gruppen: zunächst Autoren, deren ganzes Œuvre verboten war, dann einzelne Werke bestimmter Verfasser und schließlich anonyme Schriften.[33] Ausführlichere Kataloge erschienen „1552 zu Florenz, 1554 zu Mailand, der erste in späterhin gebräuchlichen Form zu Rom 1559. Er enthielt Schriften der Kardinäle, die Gedichte jenes Casa selbst. Nicht allein Druckern und Buchhändlern wurden diese Gesetze gegeben, selbst den Privatleuten ward es zur Gewissenspflicht gemacht, die Existenz der verbotenen Bücher anzuzeigen, zu ihrer Vernichtung beizutragen. Mit unglaublicher Strenge setzte man diese Maßregel durch."[34]

Einem 1347 durch die Portugiesische Inquisition zusammengestellten Katalog (160 Bücherverbote), der noch nicht gedruckt wurde und zumindest zum Teil die *Sorbonner Liste* rezipierte, „folgte 1551 eine gedruckte ‚schwarze Liste' mit rund 500 Verdammungen, die überwiegend auf den Löwener Katalog zurückgingen. Der erste Index der Spanischen

---

[30] Wolf 2007, 16.
[31] Wolf 2007, 25.
[32] Ebd.
[33] Vgl. Ebd.
[34] Ranke, Leopold von: Die Geschichte der Päpste. Dir Römischen Päpste in den letzten vier Jahrhunderten. Kardinal Consalvi und seine Staatsverwaltung unter dem Pontifikat Pius VII. Hrsg. von Professor Dr. Willy Andreas, München/Wiesbaden o.J., 97.

Inquisition wurde ebenfalls 1551 gedruckt. Eine erweiterte Ausgabe erschien 1559 mit 698 Bücherverboten, darunter immerhin 15 deutsche Werke protestantischer Autoren."[35]

1571 errichtete Pius V. eine eigene Index-Kongregation, deren Aufgaben aber mit dem kirchlichen Gesetzbuch von 1917 dem Heiligen Offizium übertragen wurden, das am 7. Dezember 1965 in Sacra Congregatio pro Doctrina Fidei und im Zuge der Reform im Jahr 1988 in Congregatio de Doctrina Fidei (Art. 48 *Pastor Bonus*) umbenannt wurde. Die Bücherverbote des Heiligen Stuhls wurden im Päpstlichen Amtsblatt, den *Acta Apostolicae Sedis*, veröffentlicht; zugleich wurde jedes ausdrückliche verbotene Buch in den Index aufgenommen. Das Verbot eines Buches hatte zur Folge, dass es ohne Erlaubnis nicht herausgegeben, gelesen, aufbewahrt, verkauft, in fremde Sprachen übersetzt und in keiner Weise anderen überlassen werden durfte.

Während der Zeit des Nationalsozialismus „rückten römische Bücherverbote noch einmal in den Mittelpunkt des Interesses. Denn durch Dekret des Heiligen Offiziums vom 7. Februar 1934, also ein knappes Jahr nach der ‚Machtergreifung‘ Adolf Hitlers und rund fünf Monate nach der Ratifizierung des Reichskonkordats, war einer der Chefideologen der ‚Bewegung‘, Alfred Rosenberg (1893-1946), mit seinem *Mythus des 20. Jahrhunderts* auf dem Index gelandet."[36] Auffallend ist, dass Adolf Hitlers *Mein Kampf* nicht auf den Index gesetzt wurde; die Gründe dafür konnten bislang nicht aufgeklärt werden.[37]

Nach dem Ende des Zweiten Weltkriegs war die Zahl der Indizierungen „insgesamt drastisch zurückgegangen; überdies hatte der römische Bannstrahl zumeist ‚nur‘ noch ‚progressive‘ katholische Theologen wie den Dominikaner Marie-Dominique Chenu (1895-1990) als Vertreter der ‚Nouvelle Théologie‘ (1942) oder die deutschen Reformer Georg Koepgen, Matthias Laros (1941), Ernst Michel (1952) und Josef Thomé (1955) sowie den Schweizer Otto Karrer (1942) getroffen. Die Indizierung von Intellektuellen [...] blieb eher die Ausnahme."[38]

Die letzte amtliche Neuausgabe des Index erschien auf Befehl Pius XII. im Jahre 1948. Danach „publizierte die vatikanische Druckerei am 5. Januar 1954 lediglich noch ein

---

[35] Wolf 2007, 26.
[36] Wolf 2007, 239.
[37] Vgl. Wolf 2007, 240f.
[38] Wolf 2007, 241.

Beilageblatt, das die seither erfolgten 15 Indizierungen auf einer Seite auflistete."[39] Unter den 15 Indizierten findet man z.B.: Sartre, Jean-Paul. Opera omnia. *27 oct. 1948.* Aber auch: Klein, Joseph. Grundlegung und Grenzen des kanonischen Rechts. *20 sept. 1950.*

„Die *nachfolgende* Beurteilung von Büchern [...] und der [...] ,Index librorum prohibitorum' waren lange Gegenstand heftiger Angriffe auch innerhalb des Kirchenvolks."[40] In den Voten der Bischöfe der Jahre 1959/60 zu den auf dem bevorstehenden Konzil zu behandelnden Themen spielte das Thema Index indessen „überraschenderweise nur eine untergeordnete Rolle. Wenn der Index und Buchverbote überhaupt angesprochen wurden, ging es vor allem um Verfahrensfragen. Nur ein einziger Bischof, Wilhelm Kempf (1906-1982) aus Limburg, verlangte ausdrückliche eine Abschaffung des Index."[41]

Obwohl manche Kardinäle die Hoffnung hegten, „das Konzil werde zum Index Grundsätzliches beschließen, befasste es sich bei seinen Beratungen im Petersdom nie ausdrücklich mit dieser Thematik."[42] Lediglich im Zuge der Debatte über den Entwurf *Über die Instrumente sozialer Kommunikation* auf dem Zweiten Vatikanum plädierte der Erzbischof von Siena, Ismaele Mario Castellano, für die „Abschaffung des Index verbotener Bücher und fand dafür manche Zustimmung im Plenum."[43] Bereits kurz nach dem Abschluss des Konzils, am 14. Juni 1966, hob die Kongregation für die Glaubenslehre den *Index der verbotenen Bücher* auf. Durch *Dekret der Kongregation für die Glaubenslehre vom 15. November 1966*[44] wurden „die gesetzlichen Bücherverbote (c. 1399 CIC/1917) abgeschafft und die Strafen, die auf Grund dieser Verbote eingetreten waren (vgl. c. 2318 CIC/1917), aufgehoben."[45] Auf die Vorgänge bei der Abschaffung des Index wird unten nochmals genauer einzugehen sein.

Wir können daher festhalten: Es gibt heute kein rechtlich geregeltes Mittel der *nachfolgenden Beurteilung* von Schriften mehr, wenn man von der Bestimmung in c. 823 § 1 CIC absieht:

> Can. 823 — § 1. Um die Unversehrtheit der Glaubenswahrheiten und der Sittenlehre zu bewahren, ist es Pflicht und Recht der Hirten der Kirche, darüber zu wachen, daß

---

[39] Ebd.
[40] Heinemann 1999, 709.
[41] Wolf 2007, 242.
[42] Ebd.
[43] Seeber, David Andreas: Das Zweite Vaticanum. Konzil des Übergangs, Freiburg im Breisgau 1966, 96.
[44] Kongregation für die Glaubenslehre, Dekret vom 15.11.1966, in: AAS 58 (1966) 1186.
[45] Heinemann 1999, 709.

> nicht durch Schriften oder den Gebrauch der sozialen Kommunikationsmittel Glaube
> oder Sitten der Gläubigen Schaden nehmen; ebenso haben sie zu verlangen, daß von
> Gläubigen herauszugebende Schriften, die den Glauben oder die Sitten berühren, ih-
> rem Urteil unterworfen werden; schließlich haben sie Schriften zurückzuweisen, die
> dem rechten Glauben oder den Sitten schaden.

Die in dieser Norm angesprochene Zurückeisung (*reprobatio*) kann nicht mehr durch ein schlichtes Bücherverbot geschehen, sondern nur noch durch eine argumentative Auseinandersetzung mit den in solchen Medien vertretenen Ansichten.

Eine gewisse Einschränkung ist hier angebracht, insofern die obigen Ausführungen ausschließlich das Recht der lateinischen Kirche betreffen. Im Gesetzbuch für die katholischen Ostkirchen wurde indessen die Möglichkeit eines Bücherverbots wieder eingeführt, und zwar aufgrund der Regelung des c. 652 § 2 CCEO:

> Zum Schutz der Unversehrtheit von Glaube und Sitten kommt es dem Eparchialbi-
> schof, der Synode der Bischöfe der Patriarchatskirche, dem Hierarchenrat und dem
> Apostolischen Stuhl zu, den Christgläubigen zu verbieten, soziale Kommunikations-
> mittel zu gebrauchen oder sie zu verbreiten, sofern es dieser Unversehrtheit zum Scha-
> den gereicht.

Durch das am 19. März 1975 erlassene Dekret *De Ecclesiae pastorum vigilantia circa libros*[46] erfuhr auch die „vorausgehende Beurteilung und Prüfung der Bücher mit theologischem Inhalt eine grundlegende Änderung, die in die Bestimmungen über den Schutz des Glaubens im kirchlichen Gesetzbuch eingegangen ist."[47]

Mit diesem Dekret wurde die rechtliche Verpflichtung, vor Veröffentlichung einer Schrift die kirchliche Druckerlaubnis („Imprimatur") einzuholen, wesentlich eingeschränkt. Bis dahin bestand diese Verpflichtung für alle Schriften mit einem irgendwie religiös-ethischen Inhalt (vgl. cc. 1385-1394 CIC/1917). Die Neuordnung hat das „Erfordernis der kirchlichen Druckerlaubnis nur noch auf bestimmte Sachbereiche (z.B. Katechese, Liturgie) bezogen, eine Regelung, die vom kirchlichen Gesetzbuch aus dem Jahr 1983 übernommen wurde (vgl. cc. 822-832 CIC/1983); freilich blieb hiervon das Recht bzw. die Pflicht der Bischöfe unberührt, gegebenenfalls bestimmte theologisch relevante Schriften, die von Gläubigen

---

[46] Kongregation für die Glaubenslehre, Dekret „Die Aufsicht der Hirten der Kirche über die Bücher" vom 19.3.1975, in: AAS 67 (1975) 281-284.
[47] Heinemann 1999, 709.

herausgegeben werden, ihrem Urteil zu unterziehen, auch wenn sie nicht unter die vorgenommene Einschränkung fallen (vgl. c. 823 § 1 CIC/1983).“[48]

Die erwähnten Canones sind in einem eigenen Titel IV: Soziale Kommunikationsmittel, insbesondere Bücher (De instrumentis communicationis socialis et in specie de libris), welcher die cc. 822-832 umfasst, im Buch III des CIC/1983 über den Verkündigungsdienst der Kirche enthalten.

Am 30. März 1992 veröffentlichte die Kongregation für die Glaubenslehre die *Instruktion über einige Aspekte des Gebrauchs der sozialen Kommunikationsmittel bei der Förderung der Glaubenslehre.* [49] Peter Krämer unterzieht die genannte Instruktion einer eingehenden Beurteilung und stellt dabei drei Fragen:

Erste Frage: Was beinhaltet die Instruktion der Kongregation für die Glaubenslehre vom 30.3.1992?

Die Instruktion greift immer wieder auf den CIC/1983 zurück, „um deutlich zu machen, daß sie sich auch inhaltlich eng an dieses Gesetzbuch anlehnt.“[50]

Im ersten Abschnitt „Die Verantwortung der Hirten im allgemeinen“ spricht die Instruktion von der Verantwortung der Bischöfe „im Hinblick auf Schriften, die von Gläubigen herausgegeben werden, und den Gebrauch von Kommunikationsmitteln überhaupt.“[51]

In Übereinstimmung mit cc. 825-828 CIC zählt die Instruktion (n. 7) die Schriften auf, für die eine Erlaubnis oder Genehmigung der zuständigen kirchlichen Autorität rechtsverbindlich vorgeschrieben ist:

II. Approbation oder Erlaubnis für verschiedene Arten von Schriften

7. Verpflichtung zur Einholung von Approbation oder Erlaubnis

§ 1. Für bestimmte Publikationen fordert der Codex entweder eine Approbation oder eine Erlaubnis:

---

[48] Krämer, Peter: „Kirche und Bücherzensur. Zu einer neuen Instruktion der Kongregation für die Glaubenslehre“, in: Theologie und Glaube (ThGl) 83 (1993) 72-80, 72f.

[49] Instruktion über einige Aspekte des Gebrauchs der sozialen Kommunikationsmittel bei der Förderung der Glaubenslehre – Concilium Vaticanum II (30. März 1992), in: Communicationes 24 (1992) 18-27. Veröffentlicht in: Verlautbarungen des Apostolischen Stuhls 106, hrsg. vom Sekretariat der Deutschen Bischofskonferenz, Bonn 1992.

[50] Krämer 1993, 73.

[51] Ebd.

a) Die vorherige Billigung ist zumal für die Veröffentlichung der Bücher der Heiligen Schriften und deren Übersetzungen in den geläufigen Sprachen gefordert (vgl. can. 825 § 1), für Katechismen und katechetische Schriften (vgl. cann. 775 § 2; 827 § 1), für Texte in Schulbüchern, und zwar nicht nur für Grund- und Mittel-, sondern auch für höhere Schulen, deren Fachbereich Glaube und Moral behandelt (vgl. can. 827 § 2).

b) Eine vorherige Erlaubnis ist dagegen für die Erarbeitung und Veröffentlichung seitens der Gläubigen, auch bei einer Zusammenarbeit mit den getrennten Brüdern, der Übersetzungen der Heiligen Schriften notwendig (vgl. can. 825 § 2), für Gebetbücher zum öffentlichen oder privaten Gebrauch (vgl. can. 826 § 3), für die Neuausgabe der Sammlungen von Dekreten oder Akten der kirchlichen Autorität (vgl. can. 828), für die Veröffentlichungen von Klerikern und Ordensleuten in Tageszeitungen, Kleinschriften und periodischen Zeitschriften, die die katholische Religion oder die guten Sitten offenkundig anzugreifen pflegen (vgl. can. 831 § 1), endlich für die Schriften von Ordensleuten, die Fragen der Religion oder der Sitten behandeln (vgl. can. 832).

§ 2. Die kirchliche Approbation oder Erlaubnis setzt das Urteil des Gutachters bzw. der Gutachter voraus, wenn man es für angebracht hält, daß es mehrere sind (vgl. can. 830); sie garantiert, daß diese Schrift nichts gegen das authentische Lehramt der Kirche über Glauben und Sitten enthält, und bestätigt, daß alle einschlägigen Vorschriften des kanonischen Rechtes erfüllt sind. Es ist daher angezeigt, der Erlaubnis auch den entsprechenden Kanon ausdrücklich beizufügen.

Der Ortsordinarius ist bei der Prüfung von Schriften an ein bestimmtes Verfahren gebunden, wobei die Instruktion entfaltet, was in c. 830 CIC grundgelegt ist: „Es sind ein oder mehrere Gutachter zu bestellen; das zu erstellende Gutachten ist schriftlich abzufassen. Wird die Erlaubnis bzw. Approbation für eine Drucklegung nicht erteilt, muss die Verweigerung dem Autor gegenüber begründet werden; dieser kann sich dann an einen anderen (zuständigen) Ordinarius wenden oder legt gemäß cc. 1732-1739 Beschwerde beim Apostolischen Stuhl ein. Im Vergleich zum früheren Codex fällt auf, daß die Bestimmung über die Anonymität des Gutachters weggefallen ist (vgl. c. 1393 § 5 CIC/1917), ebenso die Bestimmung über die mögliche Vorenthaltung der Begründung, wenn die Erlaubnis zur Drucklegung verweigert wurde (vgl. c. 1394 § 2 CIC/1917)."[52]

Zweite Frage: Ist die geltende Rechtslage durch die Instruktion abgeändert worden?

Die Instruktion enthält einen ausdrücklichen Verweis auf c. 34 CIC, womit die gestellte Frage eigentlich schon beantwortet ist. Änderungen gegenüber der kodikarischen Rechtslage können sich nicht ergeben, da es sich bei diesem Dokument um eine echte Instruktion nach c. 34 CIC handelt, also um Ausführungsbestimmungen zu den cc. 822-832 CIC.[53]

---

[52] Krämer 1993, 75.
[53] Vgl. Krämer 1993, 76.

Krämer bezieht die Frage aber auch auf die „beiden wichtigsten nachkonziliaren Änderungen im Bereich sozialer Kommunikationsmittel: die Aufhebung des Index und die Einschränkung der vorausgehenden Prüfung von Büchern."[54]

Die erste Änderung bedeutet nicht etwa die Wiedereinführung des Index. Die Instruktion unterstreicht das Recht bzw. die Pflicht der Kirche, sich mit Büchern auseinanderzusetzen und sie im Falle eines unüberbrückbaren Widerspruchs zur katholischen Glaubenslehre zurückzuweisen. Dabei handelt es sich aber „nicht um ein Bücherverbot im rechtlichen Sinn, dessen Nichtbeachtung eine Kirchenstrafe nach sich zöge, sondern lediglich um eine Information der Gläubigen über glaubensgefährdende Schriften, über deren Lektüre sie dann eigenverantwortlich entscheiden können."[55] Kanonische Strafen beinhalten die Möglichkeit, dass ein katholischer Christ, der Religion oder Kirche öffentlich verunglimpft, Hass und Verachtung gegen sie hervorruft oder die guten Sitten schwer verletzt, mit einer Kirchenstrafe belegt werden kann, wobei vor allem an illoyale kirchliche Dienstnehmer zu denken ist.[56]

Die zweite Änderung hebt die in cc. 825-828 CIC vorgenommenen Einschränkungen für eine vorausgehende Bücherzensur keineswegs auf. In der Instruktion wird allerdings „nachdrücklich das Recht der Bischöfe herausgestellt, Schriften, die nicht an eine Erlaubnis oder Genehmigung gebunden sind, ihrer Beurteilung zu unterziehen, wenn hiefür besondere Gründe vorliegen."[57] Auch diese Hervorhebung steht „nicht im Widerspruch zur geltenden Rechtslage, sondern ist bereits in c. 823 § 1 CIC enthalten. Dabei betont die Instruktion sogar deutlicher als c. 823 § 1 den Ausnahmecharakter einer Prüfung von Büchern, die von dem Katalog nach cc. 825-828 nicht erfaßt sind."[58]

Dritte Frage: Hat es überhaupt einen Sinn, mit dem Mittel der Bücherzensur den Glauben schützen zu wollen?

Die überzogenen gesetzlichen Forderungen des CIC/1917 waren nicht geeignet, den Glauben zu schützen, sondern führten zu Unsicherheit und Ängstlichkeit oder zu Gleichgültigkeit, weshalb in der Nachkonzilszeit der Index aufgehoben und das Imprimatur wesentlich eingeschränkt wurde.

---

[54] Krämer 1993, 77.
[55] Ebd.
[56] Vgl. ebd.
[57] Ebd.
[58] Ebd.

Peter Krämer weist indessen darauf hin, dass gesetzliche Bestimmungen zur Bücherzensur keineswegs überflüssig sind. Sie können sogar „einen wichtigen Beitrag zum Schutz des Glaubens leisten, wenn sie ein faires Verfahren ermöglichen und die vorgenommenen Einschränkungen nicht wieder rückgängig machen. Schriften, die unmittelbar der Glaubens-unterweisung und dem Vollzug des Glaubens im Gebet und Gottesdienst dienen, bedürfen der kirchlichen Erlaubnis oder Genehmigung, damit sich die Gläubigen ein sachgerechtes Urteil bilden können und vor subjektiver Verfremdung in der Weitergabe des Glaubens geschützt werden. Auch eine kirchliche Stellungnahme zu bereits erschienenen Schriften sowie gegebenenfalls eine Zurückweisung solcher Schriften ist sehr hilfreich und dient angesichts der Fülle an Publikationen der Urteilsbildung."[59]

---

[59] Krämer 1993, 78.

5. Das geltende Recht der katholischen Kirche hinsichtlich Lehrprüfung und Lehrbeanstandung

Dem folgenden Abschnitt sei die Definition des *Lexikons für Theologie und Kirche* vorangestellt: „Lehrbeanstandungsverfahren dienen der Klärung, wenn wissenschaftliche Äußerungen eines Autors bzw. einer Autorin in Fragen des Glaubens und der Sitte im Widerspruch zur Lehre der Kirche zu stehen scheinen."[60]

Wie bereits erwähnt, nimmt das kirchliche Gesetzbuch auf die Prüfung theologischer Lehraussagen und Lehrbeanstandungsverfahren keinen Bezug. Es sind jedoch durch „nachkonziliare Gesetzgebung [...] auf unterschiedlichen Ebenen Lehrprüfungs- und Lehrbeanstandungsverfahren mit unterschiedlichen Rechtsfolgen erlassen worden."[61] Da der CIC/1917 „keine rechtlichen Normen für das Verfahren vor dem Hl. Offizium" beinhaltet hatte, gab es bis 1971 nur eine „interne Verfahrensordnung."[62]

Diese interne Verfahrensordnung beruhte auf der Konstitution *Sollicita ac Provida* Benedikts XIV. vom 9. Juli 1753. Die darin enthaltenen Regelungen waren „nur maßgeblich für eine interne, d.h. für den Geschäftsgang der Kongregation bestimmte Verfahrensordnung."[63] Die genannte Konstitution des reformfreudigen Papstes versuchte das bisherige Verfahren zu reformieren und zu modernisieren. Sie sah vor, dass „von nun an strengere Kontrollmechanismen innerhalb der Indexkongregation vorherrschen sollten. Willkür der Gutachter, etwa in der Form, dass ein Gutachter den anderen einschüchterte, oder der Umstand, dass die Gutachter sich mehr um ihre kuriale Karriere kümmerten als um ihre eigentliche Aufgabe, sollte nicht mehr vorkommen."[64]

Von nun an sollten die Autoren von den Maßnahmen gegen ihre Schriften informiert werden. Für die Überprüfung eines Buches waren mehrere Stadien vorgesehen: Erstellung einer Liste der in den Büchern enthaltenen Irrtümer durch einen Qualifikator; Erstellung eines schriftlichen Gutachtens durch Gutachter und Weiterleitung desselben an den Kardinalinquisitor; Aushändigung eines genauen Berichts über das gesamte Verfahren an den Papst durch den Assessor; Diskussion und Urteilsfindung in Anwesenheit des Papstes; Bindung der

---

[60] LThK ³2006, Stichwort „Lehrbeanstandungsverfahren. I. Katholisch".

[61] Heinemann 1999, 715.

[62] Puza, Richard: Katholisches Kirchenrecht, Heidelberg 1986, 263.

[63] Heinemann 1999, 715.

[64] Neumahr, Uwe: Inquisition und Wahrheit. Der Kampf um den reinen Glauben. Von Peter Abaelard und Bernhard von Clairvaux bis Hans Küng und Josef Ratzinger, Stuttgart 2005, 145.

letzten Entscheidungsbefugnis an das päpstliche Amt. Die Nachfolger Benedikts XIV. schenkten der Konstitution jedoch keine Beachtung. Sie wurde „in den kommenden Jahrhunderten nicht mehr befolgt und die Willkürurteile sollten eine Wiedergeburt erleben, bis auf dem zweiten Vatikanischen Konzil schließlich die Neugestaltung der Zensur im Sinne Benedikts beschlossen wurde."[65]

In der 63. Generalkongregation der 2. Sitzungsperiode des Zweiten Vatikanischen Konzils wurde von dem Kölner Erzbischof und Kardinal Joseph Frings anlässlich der Diskussion um das *Dekret über die Hirtenaufgabe der Bischöfe* „die Verfahrensregelung des Hl. Offiziums gerügt und eine Überprüfung bzw. Neuregelung gefordert."[66] Dabei handelte es sich um die „wohl heftigste Kritik an der Verfahrensweise des Hl. Offiziums im Verlauf des 2. Vatikanischen Konzils."[67]

Die Rede des Kölner Erzbischofs führte zu einer offenen Auseinandersetzung zwischen ihm und dem italienischen Kurienkardinal Alfredo Ottaviani. Frings verlangte „eine gründliche Erneuerung der Prozeduren der römischen Behörden und eine klare Scheidung der richterlichen und Verwaltungskompetenzen in erster Linie beim Heiligen Offizium. Seine Verfahrensweisen seien geschichtlich und überholt, sie gereichten der Kirche zum Schaden und den Nichtkatholiken zum Ärgernis. Kein wegen Glaubensfragen Angeklagter sollte verurteilt oder gerichtet werden, ohne dass vorher er selbst oder der zuständige Ortsordinarius gehört wurde."[68] Diese Kritik an seiner Behörde wurde von Ottaviani energisch und erregt zurückgewiesen.[69]

Doch die Initiative Frings' hatte Erfolg. Mit dem Motu proprio *Integrae Servandae*[70] vom 7. Dezember 1965, also am vorletzten Konzilstag, wurde „das Heilige Offizium in ‚Kongregation für die Glaubenslehre' umbenannt und ihm Zuständigkeit in allen Fragen der Glaubens- und Sittenlehre zugewiesen sowie die Aufgabe übertragen [...], Lehren und Lehrmeinungen zu prüfen."[71] Durch die äußerst subtile Vorgangsweise des Papstes wurde das

---

[65] Neumahr 2005, 153.

[66] LThK [3]2006, Stichwort „Lehrbeanstandungsverfahren. I. Katholisch".

[67] Tammler, Ulrich: Tutela iurium personarum: Grundfragen des Verwaltungsrechtsschutzes in der katholischen Kirche in Vergangenheit und Gegenwart, Amsterdam 1981 (= Kanonistische Studien und Texte; Band 32), 124.

[68] Seeber 1966, 136.

[69] Vgl. Seeber 1966, 137.

[70] Motu proprio „Integrae servandae" (7. Dezember 1965), in: AAS 57 (1965) 952-955.

[71] Heinemann 1999, 715.

Sanctum Officium zu einer normalen Kongregation der römischen Kurie degradiert, die Bücher nicht mehr „verbieten" (c. 247 § 4 CIC/1917 verwendet „prohibere"), sondern nur noch „missbilligen" (*Integrae Servandae* spricht von „reprobare") konnte.

Der faktischen Abschaffung des Index vom 7. Dezember 1965 folgte erst am 14. Juni 1966 die formelle Abschaffung im Wege einer *Notificatio*[72]. Diese räumt ein, dass der Index keine Rechtsnorm mehr sei und nur noch moralischen Wert besitze. Diese Vorgangsweise war indessen nicht geeignet, Rechtsunsicherheiten zu beseitigen. Daher wurde am 15. November 1966 ein *Decretum*[73] der Sacra Congregatio pro Doctrina Fidei veröffentlicht, das „die entsprechenden Canones in aller Form aufhebt und von den bei Lektüre verbotener Bücher zugezogenen Kirchenstrafen absolviert. Jetzt erst sind die Kanonisten mit der Auskunft der Kongregation zufrieden. Fast ein Jahr also hat der ‚Verdauungsvorgang' der Kongregation bezüglich des Index gedauert."[74]

Mit der Apostolischen Konstitution *Regimini Ecclesiae Universae* vom 15. August 1967 wurde „die Kongregation verpflichtet, sich eine eigene Geschäftsordnung zu geben. Am 15.1.1971 veröffentlichte die Kongregation für die Glaubenslehre die ‚Nova agendi ratio in doctrinarum examine'[75], die das Verfahren grundsätzlich neu ordnete."[76]

Auffällig ist die lange Zeitdauer bis zur Publikation der Verfahrensordnung – die Kongregation ließ noch fünf Jahre verstreichen, bis sie dem bereits im Motu proprio *Integrae Servandae* vom 7. Dezember 1965 enthaltenen Befehl des Papstes zur Veröffentlichung einer inneren Verfahrensordnung nachkam. Ludwig Kaufmann vermutet, dass zunächst eine Bereitschaft zur Umsetzung bestand, die dann aber von einer Gegenströmung blockiert wurde. Ein Indiz dafür ist „die Tatsache, dass die schließlich 1971 veröffentlichte Verfahrensordnung (Nova Agendi Ratio) sich immer noch auf das Motu proprio ‚Integrae Servandae' von 1965 berief, obwohl dessen Forderungen inzwischen in der kirchenrechtlich gewichtigeren Apostolischen Konstitution vom 15. August 1967 über die römische Kurie (‚Regimini Ecclesiae Universae')[77] übernommen und verbindlich formuliert waren."[78]

---

[72] Decretum de Ecclesiae pastorum vigilantia circa libros (19. März 1975), in: AAS 67 (1975) 281-284.

[73] Decretum de interpretatione "Notificatio" die 14 iunii 1966 circa "Indicem" librorum prohibitorum (15. November 1966), in: AAS 58 (1966) 1186.

[74] Küng, Hans: Erkämpfte Freiheit. Erinnerungen, München 2004, 566.

[75] Kongregation für die Glaubenslehre, Nova agendi ratio in doctrinarum examine, in: AAS 63 (1971) 234-236.

[76] LThK ³2006, Stichwort „Lehrbeanstandungsverfahren. I. Katholisch".

[77] Apost. Konst. Regimini Ecclesiae Universae (15. August 1967), in: AAS 59 (1967) 885-928.

Korrekterweise hätte die Verfahrensordnung sich daher auf Nr. 40 *Regimini Ecclesiae Universae* beziehen müssen statt auf das vorausgegangene Motu proprio. Auch nach Heribert Heinemann lässt sich der Verweis auf das frühere Schreiben „wohl nur dadurch erklären, daß die Verfahrensordnung bereits entworfen war, aber aus nicht bekannten Gründen erst nach der Veröffentlichung der Apostolischen Konstitution von 1967 Rechtskraft erhielt."[79]

Nach Kaufmann fällt es schwer, „in der verzögerten sowie in der nur teilweisen erfolgten Veröffentlichung der Verfahrensregeln nicht eine bewusste Obstruktion gegenüber dem klar geäusserten Willen des Papstes zu sehen."[80] Es sei aber auch unzulässig, sie „einfach Kardinal Ottaviani anzulasten, [...] da er in den drei Jahren von Januar 1968 bis Januar 1971 nicht mehr verantwortlich zeichnete."[81] Zum Nachfolger des geborenen Römers Ottaviani ernannte Paul VI. den Erzbischof von Zagreb, Kardinal Franjo Šeper.[82]

Auch auf nationaler Ebene haben „einzelne Bischofskonferenzen Ordnungen zur Durchführung von Lehrverfahren erlassen."[83] Die deutsche Bischofkonferenz hat im Jahr nach der Veröffentlichung der ersten Verfahrensordnung der römischen Glaubenskongregation ein Lehrbeanstandungsverfahren für ihren Bereich zunächst für drei Jahre eingerichtet.[84] Die Neufassung der Verfahrensordnung bei der Deutschen Bischofskonferenz ist mit 1. April 1981 in Kraft getreten (gemäß § 41 *Lehrbeanstandungsverfahren bei der Deutschen Bischofskonferenz*, Neufassung, beschlossen auf der Frühjahrsvollversammlung vom 9.-12. März 1981), wobei die ausdrücklich als endgültiger Text der am 1. April 1981 in Kraft getretenen neuen Ordnung bezeichnete Fassung in der 37. Sitzung des Ständigen Rates am 4. Mai 1981 festgestellt wurde.

Siebzehn deutsche Bistümer haben die Ordnung veröffentlicht, es haben aber davon „nur vier – nämlich Augsburg, Essen, Münster und Paderborn – sie verbindlich in Kraft gesetzt."[85]

---

[78] Kaufmann 1987, 21.

[79] Heinemann, Heribert: Lehrbeanstandung in der katholischen Kirche. Analyse und Kritik der Verfahrensordnung, Trier 1981 (= Canonistica, Beiträge zum Kirchenrecht, herausgegeben von Heribert Schmitz; Band 6), 19.

[80] Kaufmann 1987, 21.

[81] Ebd.

[82] Zur Motivlage des Papstes bei der Auswahl Franjo Šepers als Präfekt der Glaubenskongregation unter dem Gesichtspunkt der Internationalisierung der Kurie siehe: Kaufmann 1987, 21ff.

[83] Steinhauer, Eric W.: „Von der Inquisition zur Lehrbeanstandung: ein historischer Rückblick", in: Haas, Reimund/Steinhauer, Eric W. (Hrsg.): Die Hand des Herrn hat diesen Weinberg angelegt und ihn gepflegt, Münster 2006 (= Festgabe für Karl Josef Rivinius SVD) [289]-305, 303f.

[84] Vgl. Puza 1986, 263.

[85] Rhode 2011, 45.

In der ersten Fassung von 1972 ist das Lehrbeanstandungsverfahren bei der Deutschen Bischofskonferenz „ein einziges Mal zur Anwendung gekommen, im Fall des Münsteraner Kanonisten Horst Herrmann. Die revidierte Fassung von 1981 ist bislang nicht zur Anwendung gekommen."[86]

Das *Lehrbeanstandungsverfahren bei der Deutschen Bischofskonferenz* und das Verfahren bei der Glaubenskongregation unterscheiden sich in Form und Verlauf, wobei ein wichtiges Unterscheidungsmerkmal ist, dass beim *Lehrbeanstandungsverfahren bei der Deutschen Bischofskonferenz* vor Eröffnung des Verfahrens ein Gespräch zwischen Autor bzw. Autorin und Ortsordinarius bzw. seinem Beauftragten stattfinden muss mit dem Ziel, dass sich ein Lehrbeanstandungsverfahren erübrigt. Bei der Erarbeitung der Verfahrensordnung von 1972 hatten die deutschen Bischöfe „auf das bei Matth 18, 15-17 geforderte Gespräch unter Brüdern verwiesen. Bei der Novellierung der Verfahrensordnung ist bedauerlicherweise der Verweis auf diese Schriftstelle gestrichen worden."[87]

Im *Lehrbeanstandungsverfahren bei der Deutschen Bischofskonferenz* sind die letzte Entscheidung des Ortsbischofs und die Verteidigungsmöglichkeiten des Autors bzw. der Autorin hinreichend garantiert. Gegen die Entscheidung kann Rekurs an die Glaubenskongregation eingelegt werden. Wenn ein Lehrbeanstandungsverfahren bei der Glaubenskongregation vorliegt, kann ein Lehrbeanstandungsverfahren bei der Bischofskonferenz nicht eröffnet werden.[88]

In einem 1990 erschienenen Sammelband, der die Auseinandersetzung um Eugen Drewermann zum Inhalt hat, weist Knut Walf in seinem Beitrag darauf hin, dass die römische Glaubenskongregation nach den „für das eigene Ansehen eher negativen Auswirkungen verschiedener Aufsehen erregender Verfahren gegen bekannte Theologen (etwa Boff, Küng, Pohier oder Schillebeeckx)" seit einigen Jahren „nur noch selbst ein[schreitet], wenn es sich um Autoren handelt, deren Publikationen in mehreren (größeren) Sprachen erscheinen. Ist dies nicht der Fall, probiert man, die Angelegenheit zu regionalisieren, also regional bzw. teilkirchlich zu begrenzen."[89]

---

[86] Ebd.
[87] Heinemann 1981, 60.
[88] Vgl. LThK [3]2006, Stichwort „Lehrbeanstandungsverfahren. I. Katholisch".
[89] Walf, Knut: „Was Eugen Drewermann kirchenrechtlich zu erwarten hat" in: Eicher, Peter (Hrsg.): Der Klerikerstreit. Die Auseinandersetzung um Eugen Drewermann, München 1990, 317-[324], 322f.

Anders aber als im römischen Verfahren ist der Diözesanbischof – auch wenn er diese Verfahrensordnung für sein Bistum in Kraft gesetzt hat – nicht dazu verpflichtet, „vor der Entscheidung über die Lehren eines Autors tatsächlich ein solches Verfahren abzuwarten. Die Verfahrensordnung räumt lediglich dem Autor und dem Ordinarius die Möglichkeit ein, ein solches Verfahren zu beantragen. […] Ein – sei es auch nur bedingter – Rechtsanspruch auf Eröffnung des Verfahrens ist in der Ordnung nicht zum Ausdruck gebracht. Auch wenn das Verfahren zum Abschluss kommt, ist der Diözesanbischof an die Entscheidung der Bischofskommission über die Vereinbarkeit der betreffenden Lehren mit dem katholischen Glauben nicht rechtlich gebunden."[90]

Wenn weiter oben festgestellt wurde, dass im *Lehrbeanstandungsverfahren bei der Deutschen Bischofskonferenz* die letzte Entscheidung des Ortsbischofs hinreichend garantiert ist, so korrespondiert diese Garantie mit der geringen formellen Verpflichtungskraft dieses Verfahrens, welches „dem betroffenen Diözesanbischof einen rechtlich nicht bindenden ‚qualifizierten Rat' erteilt, der für sein weiteres Handeln Veranlassung sein kann, aber nicht sein muss."[91] Nach Auffassung Heinemanns wird der Bischof jedoch zu weiterem Vorgehen veranlasst sein, wenn die Bischofskommission feststellt, dass der Autor eindeutig gegen die Lehre der Kirche verstoßen hat.[92]

In Bezug auf das Verfahren von Lehrüberprüfungen durch den Apostolischen Stuhl finden wir grundlegende Aspekte in Art. 51 der Apostolischen Konstitution über die Römische Kurie vom 28. Juni 1988 *Pastor Bonus*, worin die Zuständigkeit der Kongregation für die Glaubenslehre hinsichtlich des Schutzes der Wahrheit des Glaubens und der Unversehrtheit der Sitten wie folgt umschrieben wird:[93]

> Um die Wahrheit des Glaubens und die Unversehrtheit der Sitten zu schützen, trägt sie dafür Sorge, daß nicht Glaube und Sitten durch allgemein verbreitete Irrtümer irgendeinen Schaden nehmen. Im übrigen
>
> 1. ist es ihre Pflicht, zu verlangen, daß Bücher und andere Schriften, die Gläubige herausgeben wollen und welche Glauben und Sitten berühren, der vorgängigen Prüfung durch die zuständige Autorität vorgelegt werden;
>
> 2. prüft sie Schriften und Lehrmeinungen, die als dem rechten Glauben entgegengesetzt und gefährlich erscheinen, und, wenn feststeht, daß sie der Lehre der Kirche ent-

---

[90] Rhode 2011, 45.
[91] Heinemann 1981, 50.
[92] Vgl. ebd.
[93] Apost. Konst. Pastor bonus (28. Juni 1988), in: AAS 80 (1988) 841-924.

gegen, weist sie diese rechtzeitig zurück, nachdem sie ihrem Urheber die Gelegenheit gegeben hat, seine Auffassung umfassend darzulegen, und nachdem sie den Ordinarius, in dessen Zuständigkeitsbereich das fällt, vorher benachrichtigt hat, und, wenn es denn gelegen sein sollte, sorgt sie für geeignete Abhilfe;

3. sorgt sie schließlich dafür, daß es nicht an einer geeigneten Widerlegung falscher und gefährlicher Lehren fehlt, wenn sich solche möglicherweise im christlichen Volk verbreitet haben.

Detaillierte Bestimmungen zu diesem seiner Natur nach eher allgemein gehaltenen Text der Apostolischen Konstitution finden wir in den beiden oben bereits genannten Fassungen der *Ordnung für die Lehrüberprüfung* aus den Jahren 1971 und 1997. Aus diesen Ordnungen geht hervor, dass sie „immer dann anzuwenden sind, wenn der Heilige Stuhl tätig wird, um Schriften und Meinungen zu überprüfen, die dem rechten Glauben entgegengesetzt oder gefährlich scheinen".[94]

Die Anzahl der bisher gemäß den beiden Ordnungen abgeschlossenen Verfahren ist durchaus überschaubar: neun Verfahren nach der Ordnung von 1971 und weitere sechs nach der Ordnung von 1997. Diesen Verfahren sind die folgenden Namen von Theologen (und einer Theologin) zuzuordnen:[95]

---

[94] Rhode 2011, 42.
[95] Die Aufzählung der Verfahren stammt aus: Rhode 2011, 42f. (siehe dort unter Fn 14 und 15).

Abschluss nach der Ordnung von 1971	Abschluss nach der Ordnung von 1997
1.) John McNeill SJ	10.) Jeannine Gramick SSND
2.) Jacques Pohier OP	und Robert Nugent SDS
3.) Anthony Kosnik	11.) Reinhard Meßner
4.) Hans Küng	12.) Jacques Dupuis SJ
5.) Charles Curran	13.) Marciano Vidal CSsR
6.) Edward Schillebeeckx OP	14.) Roger D. Haight SJ
7.) Leonardo Boff OFM	15.) Jon Sobrino SJ
8.) André Guindon OMI	
9.) Tissa Balasuriya OMI	

Thomas Reese nimmt Bezug sich auf ein Interview, das er mit Joseph Ratzinger geführt hatte, wobei der damalige Kardinal und Präfekt der Glaubenskongregation erklärte, dass das „ordentliche Verfahren in den letzten fünfzehn Jahren nur fünf- bis sechsmal angewandt wurde."[96] Das genaue Datum des Interviews kann nicht festgestellt werden, wenn man aber berücksichtigt, dass die amerikanische Originalausgabe des Buches von Reese 1996 erschien, lässt sich die Aussage des heutigen Kirchenoberhaupts mit Rhodes Aufzählung abgeschlossener Verfahren plausibel in Übereinstimmung bringen.

Nach Reese lehnten alle, die diesen Prozess durchlaufen mussten, ihn aufgrund von gravierenden Mängeln ab, wobei folgende Argumente genannt wurden: „daß die vorgebrachten Anschuldigungen oft nur sehr vage waren; daß versäumt wurde, zwischen Dogma und theologischer Meinung zu unterscheiden; daß nur Experten konsultiert wurden, die mit dem Vatikan übereinstimmten; daß der Sprecher des Autors nicht vom Autor selbst gewählt wird; und daß der Theologe nicht von der Investigation in Kenntnis gesetzt wird, bis die Kongregation zu dem Schluß kommt, daß er Irrglauben verbreite."[97]

Reese weist darauf hin, dass ein formelles Verfahren nur eine der Optionen ist, die der Glaubenskongregation zur Verfügung stehen, wenn sie einen Theologen zum Schweigen bringen möchte. Im Falle eines Priesters oder Ordensangehörigen kann sein Bischof oder Ordenssuperior angewiesen werden, den Theologen zum Schweigen zu bringen oder ihn seiner Ämter zu entheben. Dahinter steht auch die Hoffnung, einen Konflikt mit dessen akademischer Institution zu vermeiden, die sich auf den Standpunkt der akademischen

---

[96] Reese 2005, 352.
[97] Reese 2005, 352.

Freiheit stellen könnte. Mit dieser Strategie kann ein drohender theologischer Disput in eine Gehorsamsfrage gegenüber dem zuständigen Oberen transformiert werden.

Auf diese Weise sollte ursprünglich gegen Charles Curran vorgegangen werden, sein Bischof in Rochester verweigerte jedoch die Kooperation, weshalb Rom dann doch die Strukturen der *Catholic University in America* in Anspruch nehmen musste, sodass ihm letztlich die Universität und nicht sein Bischof das Recht entzog, Theologie zu lehren. Ähnlich der Fall von Gustavo Gutierrez, dem Vater der Theologie der Befreiung, der gegen die von Kardinal Ratzinger 1983 gegen ihn vorgebrachten Beschwerden von seinem peruanischen Bischof gedeckt wurde.[98]

5.1 Die beiden römischen Verfahrensordnungen

Wenn im Zusammenhang mit den römischen Verfahrensordnungen von Verfahrenswegen oder Verfahrensarten die Rede ist, geht es nicht um die Frage, ob bei der Überprüfung von Lehrfragen der Verwaltungs- oder der Gerichtsweg zu wählen ist, wie in der Apostolischen Konstitution *Regimini Ecclesiae Universae* an sich vorgesehen, sondern um zwei unterschiedliche Vorgehensweisen im Verwaltungsweg. Obschon beide Möglichkeiten den päpstlichen Verlautbarungen gemäß vorgesehen sind, „hat die Glaubenskongregation für das Lehrverfahren grundsätzlich dem Verwaltungsverfahren den Vorzug gegeben."[99]

In der römischen Verfahrensordnung von 1971 wird demgemäß zwischen einem *ordentlichen* und einem *außerordentlichen* Verfahren unterschieden. Zum *außerordentlichen* Verfahren bestimmt Art. 1 *Nova Ratio* 1971:

---

[98] Vgl. Reese 2005, 353ff.
[99] Heinemann 1981, 20f.

33

[...] Wenn eine der Prüfung unterzogene Lehrmeinung klar und sicher einen Glaubensirrtum enthält und zugleich aus der Verbreitung dieses Irrtums unmittelbarer Schaden für die Gläubigen droht oder schon entstanden ist, kann der Kongreß festsetzen, dass auf außerordentliche Weise zu verfahren ist, d.h., daß der Ordinarius oder die betroffenen Ordinarien sofort Mitteilung erhalten und der Autor von seinem eigenen Ordinarius zur Berichtigung des Irrtums veranlaßt wird.

„Wenn die Antwort des Ordinarius oder der Ordinarien vorliegt", so abschließend die Regelung in Art. 1 der Verfahrensordnung, „wird die Ordentliche Versammlung nach Norm der folgenden Artikel 16, 17, 18 geeignete Maßnahmen ergreifen." Diese Verfahrensordnung enthält indessen keine Regeln, die zwingend die Anwendung der einen oder der anderen Verfahrensart festlegen, die Entscheidung liegt vielmehr im Ermessen des Kongresses. Dieser ist – gemäß Art. 1 der Verfahrensordnung – aus den Vorstehern und Offizialen zusammengesetzt und findet jeweils samstags statt.

Das unterschiedliche Vorgehen wird somit „allein von der drängenden Notwendigkeit her begründet, eine Entscheidung zu fällen, damit ,unmittelbarer Schaden für die Gläubigen' (Art. 1) abgewehrt werden kann. Wie im Einzelfall vorgegangen wird, entscheidet der Kongreß [...]. Dabei handelt es sich zweifelsohne um eine Ermessensentscheidung. Eindeutige Kriterien für die Notwendigkeit, dem außerordentlichen Verfahrensweg den Vorzug zu geben oder den ordentlichen Weg zu wählen, lassen sich nur von der Eilbedürftigkeit einer Entscheidung her gewinnen. Das ,außerordentliche Verfahren' könnte als abgekürztes Verfahren bezeichnet werden, mit dem ein möglichst schneller und wirkungsvoller Effekt erreicht werden soll."[100]

Es gelangt also nicht das ordentliche Verfahren zuerst zur Darstellung, und dann das außerordentliche. Daher kann der Eindruck entstehen, dass letzteres den neuen Regeln einfach aufgepfropft wurde. „De primo unus tantum articulus agit, de secundo ceteri omnes", schrieb Jozef Tomko in einem Kommentar zur Verfahrensordnung, änderte aber gleichzeitig „zwecks besserer Präsentation die Reihenfolge der kommentierten Paragraphen, indem er zuerst die ordentliche und dann erst die außerordentliche bzw. ,verkürzte' Vorgehensweise (modus abbreviatus) zur Darstellung brachte."[101]

Aus der Formulierung in Art. 1 ergibt sich, „daß bereits in einem Vorverfahren eine Prüfung der in Büchern, Schriften oder Vorträgen dargelegten Lehrmeinungen stattgefunden

---

[100] Heinemann 1981, 21.
[101] Kaufmann 1987, 30.

34

hat."[102] Sind die Voraussetzungen erfüllt – das Vorliegen eines „Glaubensirrtums" wird „klar und sicher" festgestellt und darüber hinaus droht ein Schaden für die Glaubenden oder aber dieser Schaden ist schon eingetreten –, *kann* der Kongreß den außerordentlichen Weg wählen. Es ist damit grundsätzlich nicht ausgeschlossen, dass er auch in einem solchen Fall dem ordentlichen Verfahren den Vorzug geben kann.[103]

Der Ordinarius oder die von der Sache betroffenen Ordinarien, die sofort zu benachrichtigen sind, sollen den Autor zur Berichtigung seiner Lehrauffassung veranlassen, während an diesen selbst seitens der Kongregation keine unmittelbare Aufforderung ergeht. Es wird jedoch der Ordinarius zu einem Bericht veranlasst, von dessen Inhalt das weitere Vorgehen abhängig gemacht wird.[104]

Heinemann weist darauf hin, dass der Verweis des Art. 1 auf Art. 16 in diesem Zusammenhang mangelhaft abgestimmt ist. Denn über die Regelung des weiteren Vorgehens für den Fall, dass der Autor auf die Aufforderung des Ordinarius zur Korrektur nicht geantwortet hat, hinausgehend, „wird auch die Möglichkeit in Erwägung gezogen, dass der Autor ‚der Einladung zum Kolloquium nicht gefolgt' ist. Ein Kolloquium mit dem Autor sieht jedoch nur das ordentliche Verfahren vor."[105] Hier tritt ein Mangel des außerordentlichen Verfahrens hervor, insofern dieses von dem Autor lediglich eine Korrektur seiner Auffassung erwartet, sein Anhörungsrecht aber in keiner Weise berücksichtigt.[106]

Nach Heinemann ist – wenngleich in eilbedürftigen Fällen ein außerordentliches Verfahren vorgesehen ist – doch „anzunehmen, daß die Durchführung des ordentlichen Verfahrens die Regel sein soll."[107] Dieser Annahme kann indessen die folgende Beobachtung Rhodes entgegengehalten werden: „In den sechs Verfahren, die seit 1997 durch eine *Notificatio* abgeschlossen wurden, wurde zweimal das ordentliche und viermal das dringliche Verfahren angewandt."[108]

---

[102] Heinemann 1981, 21.
[103] Vgl. ebd.
[104] Heinemann 1981, 21f.
[105] Heinemann 1981, 22.
[106] Vgl. ebd.
[107] Heinemann 1981, 23.
[108] Rhode 2011, 43.

An Verfahrensorganen sind die folgenden vorgesehen: der Kongress, die Konsultoren, die Sachverständigen, die „Beauftragten", der „Relator pro auctore" und die Ordentliche Versammlung.

Dem Kongress kommt für das Verfahren sehr große Bedeutung zu. Wie bereits oben angesprochen, liegt die Entscheidung, ob das ordentliche oder das außerordentliche Verfahren gewählt wird, im Ermessen des Kongresses. Er bestellt zwei Sachverständige und den „Relator pro auctore". Darüber hinaus entscheidet der Kongress, „ob der Ordinarius oder die betroffenen Ordinarien sofort unterrichtet werden oder erst – das ergibt sich aber nicht zwingend aus der Formulierung – nach Abschluß des Vorverfahrens (Art. 2)."[109] Auch hier liegt ein Ermessensspielraum vor.

Die Aufgabe der Konsultoren besteht darin, „der Ordentlichen Versammlung der Kardinäle zur anstehenden Sache Stellungnahmen vorzubereiten und vorzulegen. Ihre Aufgabe entspricht den Obliegenheiten, die Benedikt XIV. in seiner Konstitution für die Konsultoren, die als Berater im Lehrprüfungsverfahren tätig sind, festlegte."[110]

Gemäß Art. 2 *Nova Ratio* sind zwei Sachverständige durch den Kongress zu bestellen, „die mit Stellungnahmen (vota) zu den zur Behandlung anstehenden Lehrmeinungen die Durchführung des Verfahrens unterstützen sollen."[111] Allem Anschein nach ist hier „ein Rückgriff auf die Regelung in der Apostolischen Konstitution ‚Sollicita ac Provida' Benedikt XIV. erfolgt. Diese Konstitution kennt die sogenannten ‚Qualifikatoren', ‚gelehrte Theologen oder Canonisten, denen die Prüfung besonders wichtiger Fragen und Schriften übertragen wird'. In eilbedürftigen Fällen kann die Erstellung eines Sachverständigengutachtens auch einem der Konsultoren übertragen werden (vgl. Art. 4)."[112]

Nach Heinemann ist anzunehmen, dass es sich bei den „Beauftragten" – Art. 13 *Nova Ratio* kennt „viri deputati", Art. 14 „viri delegati" – um Sachverständige (viri periti) handelt, „die gemäß Nr. 38 Abs. 2 der Apostolischen Konstitution ‚Regimini Ecclesiae Universae' von der Glaubenskongregation beigezogen werden können."[113]

---

[109] Heinemann 1981, 23.
[110] Ebd.
[111] Heinemann 1981, 24.
[112] Ebd.
[113] Ebd.

Der „Relator pro auctore" wird vom Kongress bestellt. Seine Aufgaben werden in Art. 6 *Nova Ratio* aufgezählt: „in spiritu veritatis adspectus positivos doctrinae et merita auctoris indicare; ad sensum genuinum opinionum auctoris in contextu theologico et generali recte interpretandum cooperare; animadversionibus Relatorum et Consultorum respondere; de influxu opinionum auctoris iudicium exprimere."

Er darf also nicht mit einem „Anwalt oder Verteidiger des Autors [...] verwechselt werden, obschon ihm gewisse Verteidigungsrechte zugewiesen sind. [...] Allerdings muß er auch, und damit wird seine von einem Verteidiger sich abhebende Stellung deutlich, ein Urteil darüber abgeben, welchen Einfluss die Lehre eines Autors bereits ausgeübt hat oder ausübt. Hier nimmt er eindeutig eine Aufgabe wahr, die im Interesse der Glaubenskongregation liegt."[114]

Zur Ordentlichen Versammlung gehören „eine bestimmte Anzahl von Kardinälen und [...] einige vom Papst dazu berufene Bischöfe, die, wenn sie in Rom anwesend sind, das Recht haben, an der Ordentlichen Versammlung teilzunehmen."[115]

In der Ordentlichen Versammlung der Kardinäle, „zu der auch die bischöflichen Mitglieder einzuladen sind, wird die endgültige Entscheidung getroffen (Art. 10), die dem Papst bei der nächsten Audienz durch den Kardinalpräfekten oder den Sekretär der Kongregation zur Approbation vorgelegt wird (Art. 11)."[116]

Eine jede kritische Würdigung dieser Verfahrensordnung muss bei der Frage ansetzen, ob die Forderungen, die Kardinal Joseph Frings in der Konzilsaula erhoben hatte, beachtet wurden. Er forderte, „daß Verfahren beim Hl. Offizium klar zwischen Verwaltungs- und Prozeßverfahren (distinctio inter viam administrativam et viam iudiciariam) unterschieden werden, daß ein beim Hl. Offizium Beklagter oder Angeklagter (accusatus) vor seiner Verurteilung gehört und ihm die Möglichkeit einer Korrektur gegeben werden solle, daß auch sein Ordinarius vor einer Verurteilung zu hören sei."[117]

Was die von Kardinal Frings geforderte deutliche Unterscheidung von Prozess- und Verwaltungsverfahren betrifft, macht das Verfahren bei der Glaubenskongregation, wie schon

---

[114] Heinemann 1981, 24f.
[115] Heinemann 1981, 25.
[116] Heinemann 1981, 26.
[117] Heinemann 1981, 27.

oben dargelegt, lediglich „die Unterscheidung von ordentlichem und außerordentlichem Verfahren (Art. 1 und 2). Diese Unterscheidung ist zweifelsohne nicht mit der Unterscheidung von Gerichts- und Verwaltungsweg deckungsgleich; sie ergibt sich lediglich aus der Dringlichkeit des Handelns seitens der Kongregation."[118]

Die Bestimmung des Art. 35 der Apostolischen Konstitution *Regimini Ecclesiae Universae* (der Wortlaut des genannten Artikels lautet: "Ad essa spetta pure giudicare circa gli errori riguardanti la fede, secondo le norme del processo ordinario.") ist in dieser Hinsicht unbefriedigend, „weil weder gesagt wird, daß über Glaubensirrtümer grundsätzlich in einem Prozessualverfahren geurteilt werden muß, noch Kriterien dafür genannt werden, wann die Natur der Sache eine Verhandlung auf dem Verwaltungsweg und wann auf dem Gerichtsweg erheischt."[119]

Nach Auffassung von Neumann wäre Art. 39 der genannten Apostolischen Konstitution (der Wortlaut des Artikels lautet: "La Congregazione procede in due modi: o amministrativo o giudiziario, secondo la diversa natura degli argomenti da trattare.") der Ort gewesen, „zu sagen, *wie* das Verfahren beschaffen sein muß, aufgrund dessen Stellungnahmen zu ‚neuen Lehren und Lehrmeinungen' abgegeben werden, die allgemeiner Natur sind und nicht ausdrücklich oder vornehmlich von einem oder einigen Katholiken propagiert werden, die vielmehr gleichsam als ‚öffentliche Meinung' um sich greifen. Bei der Zurückweisung wie der formellen Verurteilung solcher Meinungen sollte es der Kongregation freistehen, die ihr richtig erscheinenden Verfahrenswege zu wählen, sofern nur solche Meinungen umfassend und zutreffend analysiert sind und die theologische Stellungnahme sachentsprechend und gründlich fundiert ist. Sollte sich diese Stellungnahme jedoch gegen die Lehre eines einzelnen Theologen oder einer bestimmbaren Personengruppe richten, so wäre nach einem förmlichen und zwingend vorgeschriebenen Verfahren vorzugehen."[120]

Zusammenfassend meint Heinemann zu dieser Frage, dass sich das Verfahren aufgrund der Bindung des Verwaltungsweges an genau festgelegte Normen, Vorgehensweisen, „Schritte" (= „processus") „einerseits von einem einfachen Verwaltungsverfahren durch

---

[118] Heinemann 1981, 28.
[119] Neumann 1969, 266.
[120] Ebd.

einen genau umschriebenen Verfahrensweg, andererseits jedoch von einem eindeutig nach den Normen des Prozeßrechts durchgeführten Prozeß ab[hebe]."[121]

Unter Berücksichtigung der Auffassung von Neumann könnte von hierher gesagt werden, „daß die ,Neue Verfahrensordnung' als ein verwaltungsrechtliches, nach eingängig umschriebenen Normen bestimmtes Vorgehen der Glaubenskongregation zu bezeichnen ist."[122]

Die wichtigste Kritik betrifft jedoch die Unklarheit hinsichtlich der Rolle des Diözesanbischofs in diesem Verfahren an der römischen Kurie. Während Kardinal Frings forderte, dass niemand angeklagt werden soll, ehe nicht sein Ordinarius angehört wird, spricht der Text der Verfahrensordnung nur von Benachrichtigung („certiores fiant" Art. 1; „certiores fieri" Art. 2; „ad notitiam Ordinarii perfertur" Art. 12). Ein eindeutiges Benachrichtigungsrecht ist „zunächst nur vorgesehen bei dem außerordentlichen Verfahren. Bei der Einleitung eines ordentlichen Verfahrens ist die Benachrichtigung des Ordinarius zunächst in das Ermessen des Kongresses gestellt (,oporteat')."[123]

Hinsichtlich der Anhörungs- und Verteidigungsrechte des Autors ist im außerordentlichen Verfahren bloß die Benachrichtigung des Ordinarius zu dem Zwecke vorgesehen, „daß er den Autor zur Berichtigung seines Irrtums veranlaßt. [...] Von einem Anhörungs- oder Verteidigungsrecht des Autors ist weiter nicht die Rede."[124]

Im ordentlichen Verfahren sind dem Autor „die von der Ordentlichen Versammlung als falsch oder gefährlich befundenen Sätze anzuzeigen; er hat das Recht, dazu Stellung zu nehmen. Hier ist ein Anhörungsrecht, das zunächst auf eine schriftliche Form begrenzt ist, gewährleistet."[125]

Trotz ihrer Mängel ist die Verfahrensordnung vom 15. Jänner 1971 lange Zeit die rechtliche Grundlage des Lehrprüfungsverfahrens geblieben. Am 29. Juni 1997 „hat die Kongregation für die Glaubenslehre nach zwanzig Jahren Arbeit ihre Zusage erfüllt und unter dem Titel ,Agendi ratio in doctrinarum examine'[126] eine neue Verfahrensordnung für die Lehrprü-

---

[121] Heinemann 1981, 29.
[122] Ebd.
[123] Heinemann 1981, 31.
[124] Heinemann 1981, 33.
[125] Heinemann 1981, 34.
[126] Kongregation für die Glaubenslehre, Agendi ratio in doctrinarum examine (29. Juni 1997), in: AAS 89 (1997) 830-835; abgedruckt in: Archiv für katholisches Kirchenrecht (AfkKR) 166 (1997) 142-147.

fung und Lehrbeanstandung erlassen.“ [127] In Ausführung von Art. 51 der Apostolischen Konstitution *Pastor Bonus* hat die Kongregation für die Glaubenslehre „Schriften und Auffassungen, die der Glaubens- oder Sittenlehre widersprechen oder gefährlich sind, zu verwerfen und gegebenenfalls geeignete Maßnahmen zu ergreifen.“ [128]

Formell steht auch in der nunmehrigen *Agendi ratio in doctrinarum examine* „nicht die Bestrafung eines Autors (einer Autorin) im Vordergrund, sondern die objektive Würdigung einer Lehrmeinung hinsichtlich ihrer Übereinstimmung bzw. Abweichung von der ‚rechten‘ Glaubensüberzeugung der Kirche. Jedoch darf dies nicht darüber hinwegtäuschen, daß die Durchführung eines derartigen Verfahrens, das als letzter und endgültiger Schritt zur Anwendung kommen soll, wenn aus der Sicht der Kirchenleitung ‚alle anderen Formen (des Dialogs) nutzlos und vergeblich‘ geworden sind, und vor allem das jeweilige Ergebnis durchaus auch gravierende Auswirkungen auf den Lebens- und Arbeitsbereich der betroffenen Personen haben. Deshalb wurde schon mit der Kurienreform 1988 verfügt, daß den Autoren unter Einbeziehung der betroffenen Ordinarien ausreichend Gelegenheit eingeräumt werden muß, ihre Ansichten umfassend zu erklären.“ [129]

Wie die bisherige Ordnung sieht auch diese Ordnung über die Prüfung von Lehren ein dringliches und ein ordentliches Verfahren vor. Beiden Arten von Verfahren gehen zwei Stadien voraus: erstens eine Vorprüfung („aufmerksame Lektüre“; Art. 3 *Ratio*), und zweitens das Studium durch die sachlich zuständige Abteilung der Glaubenskongregation unter Mitarbeit von Konsultoren und anderen Fachleuten („sorgfältige Prüfung“; Art. 4-7 *Ratio*), wobei diese vorbereitenden Verfahrensschritte zur Entscheidung über die Einleitung eines dringlichen oder ordentlichen Lehrprüfungsverfahrens dienen.

Im – äußerst summarischen – dringlichen Lehrprüfungsverfahren, geregelt in den Art. 23-27 *Ratio*, bestimmt die Glaubenskongregation nach Benachrichtigung des Ordinarius bzw. der Ordinarien sowie der zuständigen römischen Dikasterien eine Kommission, welche die irrigen und gefährlichen Ansichten schnellstmöglich genauer benennen und der Ordentlichen

---

[127] Schmitz, Heribert: „Notificationes Congregationis pro doctrina fidei uti decisiones, in quibus exitus doctrinarum examinis secundum normas contenta in Ordine nuncupato 'Agendi ratio in doctrinarum examine' pervulgentur. Kanonistische Anmerkungen zu den Notifikationen über den Abschluß eines Lehrprüfungsverfahrens“, in: Archiv für katholisches Kirchenrecht (AfkKR) 171 (2002) [371]-399, [371].

[128] Schmitz (2002) [371]f.

[129] Lederhilger, Severin: „Gibt es ein Recht auf Dissens in der Kirche? Zur Meinungsfreiheit kirchlicher Amtsträger und zum neuen Lehrbeanstandungsverfahren“, in: Österreichisches Archiv für Kirchenrecht (ÖAKR) 44 (1995-97) 115-141, 133f.

Versammlung dieser Kongregation vorlegen soll, die diese Angelegenheit vordringlich zu behandeln hat. Wenn die Ordentliche Versammlung die betreffenden Lehren als irrig oder gefährlich beurteilt, werden diese Lehren nach Approbation durch den Papst dem Autor über seinen Ordinarius mitgeteilt; zugleich wird der Autor zur Korrektur seiner Ansichten aufgefordert. Der Ordinarius hört den Autor an und bittet ihn nötigenfalls um eine schriftliche Stellungnahme, die in diesem Fall zusammen mit der jedenfalls erforderlichen Stellungnahme des Ordinarius der Kongregation zugesendet wird. Die Entscheidung trifft die Ordentliche Versammlung der Glaubenskongregation.[130]

Die Voraussetzungen für die Anwendung des ordentlichen Prüfungsverfahrens regelt Art. 8 der neuen Verfahrensordnung:

> Art. 8. Das ordentliche Prüfungsverfahren wird angewandt, wenn eine Schrift schwere lehrmäßige Irrtümer zu enthalten scheint, deren Aufdeckung ein sorgfältiges Unterscheidungsvermögen erfordert und deren möglicher negativer Einfluß auf die Gläubigen nicht zu besonderer Eile anzutreiben scheint. Dieses Verfahren hat zwei Phasen: die interne Phase, die aus der am Sitz der Kongregation vorgenommenen Voruntersuchung besteht, und die externe Phase, welche die Beanstandung und den Dialog mit dem Autor vorsieht.

Zur Beratung über die im Rahmen der Voruntersuchung erstellten Gutachten und Darlegungen kann außer dem „Relator pro auctore" auch der Ordinarius des Autors, der sich nicht vertreten lassen kann und an die Schweigepflicht gebunden ist (Art. 12 *Ratio*), eingeladen werden.

Das gesamte Dossier mit dem Protokoll über die Diskussion, dem Abstimmungsergebnis und den Gutachten der Konsultoren wird der Prüfung der Ordentlichen Versammlung der Kongregation vorgelegt; diese entscheidet, ob eine Beanstandung des Autors erfolgen soll, und wenn ja, welche Punkte zu beanstanden sind (Art. 14 *Ratio*). Die Entscheidungen der Sessione ordinaria werden dem Papst vorgelegt (Art. 15 *Ratio*).

Erst jetzt, wenn nach der internen Phase beschlossen wird, das Verfahren weiterzuführen, werden der Ordinarius bzw. die Ordinarien sowie die zuständigen römischen Dikasterien benachrichtigt und werden dem Autor über seinen Ordinarius die falschen oder gefährlichen Sätze mitgeteilt, damit er innerhalb einer Frist von drei Monaten schriftlich seine Antwort

---

[130] Die Ausführungen zum Ablauf des Verfahrens folgen hier teilweise der Darstellung im Skriptum zur Vorlesung „Verkündigungsrecht" von Prof. Ludger Müller (Wien; ungedruckt).

vorlegt. Neu ist hierbei „die Begründungspflicht der Kongregation sowie die Vorlage der anonymisierten Gutachten."[131]

Der Autor kann sich nun mit Einverständnis seines Ordinarius selbst einen Berater wählen. Der Ordinarius soll die schriftliche Antwort mit einem eigenen Gutachten ergänzen. Diese „relativ kurze Frist für die Auswahl und Genehmigung des Beraters, mit dem zusammen die (oft existentiell) bedeutsame Stellungnahme zu verfertigen ist, erscheint angesichts des zu diesem Zeitpunkt bereits vorangegangenen aufwendigen ‚Vorlaufs' der Kongregation etwas unverhältnismäßig […]."[132] Vorgesehen ist nunmehr „ausdrücklich auch die Möglichkeit einer persönlichen Begegnung des Autors und seines Beraters mit einigen dazu beauftragten Vertretern der Kongregation […]."[133]

Die Mitglieder der Ordentlichen Versammlung „beschließen nach dem Studium aller Antworten und eventuell noch eingeholten Gutachten (etwa auch vom Berater des Autors), ob das Verfahren jetzt eingestellt oder eine Maßnahme als notwendig erachtet wird."[134]

Die Hauptkritikpunkte an dieser Verfahrensordnung betreffen die nach wie vor beschränkten Verteidigungsrechte des Autors; diese sind eingeschränkt auf die Möglichkeit einer schriftlichen Antwort und auf die Möglichkeit einer Einladung zu einem Gespräch. Problematisch ist auch, dass die Entscheidung – sowohl im dringlichen als auch im ordentlichen Verfahren – dem Papst zur Approbation vorgelegt und dem Autor dadurch jede Möglichkeit genommen wird, die Angelegenheit nochmals – und sei es dem Papst selbst – zur Überprüfung vorzulegen.

Gegebenenfalls muss von der Ordentlichen Versammlung „auch das Vorliegen von Häresie, Apostasie oder Schisma erklärt werden. In diesem Fall kippt das Verfahren von einem lehramtlichen in einen jurisdiktionellen Akt."[135] Art. 28 der Verfahrensordnung handelt von den Rechtsfolgen:

> Sollte der Autor die angezeigten Irrtümer nicht in befriedigender Weise und in angemessener öffentlicher Form richtigstellen und die Ordentliche Versammlung zur Schlußfolgerung kommen, daß er sich die Straftat der Häresie, der Apostasie oder des Schismas zugezogen hat, schreitet die Kongregation zur Erklärung der latae sententiae zugezogenen Strafen; gegen diese Erklärung ist eine Beschwerde nicht zugelassen.

---

[131] Lederhilger (1995-97) 135.
[132] Ebd.
[133] Lederhilger (1995-97) 136.
[134] Ebd.
[135] Lederhilger (1995-97) 137.

Diese Abweichung vom sonst geltenden kirchlichen Strafprozessrecht ist auch der Grund, „warum die beiden letzten Artikel der neuen Verfahrensordnung vom Papst ‚in forma specifica' approbiert wurden."[136]

Die Möglichkeit der Überprüfung einer Entscheidung durch eine weitere Instanz ist ein fundamentales Erfordernis eines fairen Verfahrens; diese Möglichkeit ist hier nicht vorgesehen. Diese Kritik wurde von Seiten vieler Kanonisten vorgetragen, bei der Neuordnung des Lehrprüfungsverfahrens aber offensichtlich bewusst übergangen.

5.2 Inhaltliche Klassifikation abgeschlossener Verfahren

Im folgenden Kapitel soll der Versuch einer inhaltlichen Klassifikation der oben genannten fünfzehn vor der Glaubenskongregation abgeschlossenen Verfahren unternommen werden, indem die Verfahren bestimmten Problemfeldern zugeordnet werden. Diese Problemfelder konnten naturgemäß nicht im Vorhinein festgelegt werden, sondern wurden im Verlauf des Studiums der herangezogenen Texte – lehramtlicher Äußerungen – entwickelt.

Das Ziel der Klassifikation besteht darin, aus einer als möglich angenommenen Häufung bestimmter Problemfelder einen oder – gegebenenfalls – mehrere Angelpunkte bestimmen zu können, welche für Lehrbeanstandungsverfahren vor der Glaubenskongregation in der Vergangenheit besonders „anfällig" waren. Da jeder einzelne Fall überwiegend komplex gestaltet ist, konnten die einzelnen Problemkonstellationen nur kursorisch benannt und schwerpunktmäßig auf ein oder mehrere Problemfelder hin bezogen werden. Eine theoretische Durchdringung und Erläuterung der von den einzelnen Autoren vertretenen Lehrmeinungen war im Rahmen dieser Darstellung weder möglich noch geboten.

5.2.1 John McNeill SJ

Das Schreiben der Kongregation für die Glaubenslehre datiert vom 15. Juni 1977 und ist in Ochoa, *Leges Ecclesiae* (n. 4521), abgedruckt. Darin finden sich die folgenden Stellen:

> 1. The book, *The Church and the Homosexual*, clearly and openly advocates a moral position regarding homosexuality which is contrary to – in theory as well as in practice – the traditional and actual teaching of the church.

---

[136] Ebd.

> In his own words, the author presents an „advocacy theology" (p. 23) for ethically re-
> sponsible homosexual relationships (p. 196 and passim). The contents of the book are
> arranged to show that there is no proven moral obligation to refrain from „ethically re-
> sponsible homosexual relationships", and that, therefore, both church and civil norms
> must accept these relationships as legitimate. [...]

> 4. Finally, we think it important to clarify the issue regarding the scandal caused by
> this book. The scandal comes from the content of the book itself – ideas and suggested
> pastoral practice clearly at variance with the teaching and practice of the church; from
> the circumstances of publication – the *imprimi potest* gives the aura of ecclesiastical
> approval, and the publication of the book within days after *Persona humana* gravely
> damages the respectful attitude toward the teaching of the authentic magisterium of the
> church in the public view; and from the publicity and promotion given to the book and
> its ideas by Father McNeill himself through his tour of public lecture and press confer-
> ences.[137]

Die zitierten Textstellen erlauben die Zuordnung zum Problemfeld Sexualethik.

5.2.2 Jacques Pohier OP

Beanstandet wurde das Buch *Quand je dis Dieu*, in dem sich Lehraussagen finden, die mit dem kirchlichen Lehramt nicht übereinstimmen. Aus der Notifikation der Kongregation für die Glaubenslehre vom 13. April 1979 geht u.a. hervor:

> 1. Among the more evident errors in the book in question must be noted the denial of
> the following truths: the intention on the part of Christ to give a redemptive and sacri-
> ficial value to his passion; the bodily resurrection of Christ and his permanence as a
> real subject after the end of his historical existence; continued existence, resurrection,
> eternal life with God as the vocation of man; the presence in holy scripture of a true
> teaching, having an objective meaning, which faith can recognize and which the Mag-
> isterium of the Church, assisted by the Holy Spirit, can determine authentically.[138]

Bereits dieser kurze Ausschnitt aus der Notifikation erlaubt die Zuordnung zu den Problemfeldern *Christologie*, *Ewiges Leben*, *Inspiration der Hl. Schrift*.

5.2.3 Anthony Kosnik

Dem Schreiben der Kongregation für die Glaubenslehre (ohne Datumsangabe) an den Erzbischof John R. Quinn, Präsident der Bischofskonferenz der Vereinigten Staat von Amerika, sind *Beobachtungen* zu dem von Anthony Kosnik herausgegebenen Buch *Human Sexuality* (Observations about the book '"Human Sexuality'. A study commissioned by the Catholic Theological Society of America, Rev. Anthony Kosnik editor") beigeschlossen. Darin enthalten ist die folgende Stelle:

---

[137] Leges Ecclesiae post Codicem iuris canonici editae. Collegit, digessit notisque ornavit Xaverius Ochoa in Universitate Lateranensi Professor, Volumen V, Leges Annis 1973-1978, (n. 4521).
[138] AAS 71 (1979) 446f.

1) A most pervasive mistake in this book is the manipulation of the concept or definition of human sexuality. "Sexuality then is the mode or manner by which humans experience and express both the incompleteness of their individualities as well as their relatedness to each other as male and female...This definition broadens the meaning of sexuality beyond the merely genital and generative and is so to be understood in all that follows" (p. 82). This definition refers to what may be called generic sexuality, in which "sex is seen as a force that permeates, influences, and affects every act of a person's being at every moment of existence." In this generic sense the book quotes the Vatican "Declaration on Certain Questions Concerning Sexual Ethics," which acknowledged this basic human differentiation saying, "it is from sex that the human person receives the characteristics which, on the biological, psychological and spiritual levels, make that person a man or a woman, and thereby largely condition his or her progress toward maturity and insertion into society" (Persona Humana, 1).[139]

Der zitierte Textausschnitt erlaubt die Zuordnung zum Problemfeld *Sexualethik*.

5.2.4 Hans Küng

Aus der Notifikation der Kongregation für die Glaubenslehre vom 15. Februar 1975 betreffend die beiden Bücher *Die Kirche* und *Unfehlbar? Eine Anfrage*, die folgende Textstelle:

In the above-cited works of Prof. Hans Küng, some views are found which in different degrees oppose the Catholic Church's doctrine which must be professed by all the faithful. We note only the following which stand out, and we put aside for now a judgment on some other views which Prof. Küng defends.

The view which at least places in doubt the very dogma of faith of the Church's infallibility or reduces it to a certain basic indefectibility of the Church in matters of truth, with the possibility of erring in decisions which the Magisterium in a definitive way teaches or believes, contradicts the doctrine defined by Vatican Council I and confirmed by Vatican Council II.

Another error which seriously prejudices the doctrine of Prof. Küng concerns his view on the Magisterium of the Church. In fact he does not adhere to the true concept of the authentic Magisterium by which the Bishops are in the Church "authentic teachers, that is, teachers endowed with the authority of Christ who preach to the people committed to them the faith they must believe and put into practice" (Lumen Gentium 25); in fact "the task of authentically interpreting the word of God, whether written or handed on, has been entrusted exclusively to the living Magisterium of the Church" (Dei Verbum 10).

Also the view already suggested by Prof. Küng in the book Die Kirche (The Church) according to which the Eucharist, at least in cases of necessity, can be validly consecrated by baptized persons who are not ordained priests, cannot be reconciled with the doctrine of Lateran Council IV and Vatican II.[140]

---

[139] Leges Ecclesiae post Codicem iuris canonici editae. Collegit, digessit notisque ornavit Xaverius Ochoa in Universitate Lateranensi Professor, Volumen VI, Leges Annis 1979-1985, (n. 4722).

[140] AAS 67 (1975) 203f.

Der zitierte Textausschnitt aus der Notifikation der Kongregation für die Glaubenslehre erlaubt die Zuordnung zu den Problemfeldern *Infallibilität, kirchliches Lehramt, Lehre von der Eucharistie.*

Anzumerken ist, dass das Verfahren gegen *Die Kirche* und *Unfehlbar?* eingestellt wurde, wie aus einem Brief der Glaubenskongregation vom 15. Februar 1975 an Hans Küng hervorgeht. Diesem Schreiben war eine Erklärung zum Abschluss des Lehrverfahrens gegen *Die Kirche* und *Unfehlbar?* beigeschlossen.[141] Ein Brief Hans Küngs an Kardinal Julius Döpfner vom 26. Februar 1975 zeigt deutlich, wie sehr Küng an eine echte Beendigung des Streites glaubte und nicht mit einer neuen Aktion des kirchlichen Lehramtes gegen ihn rechnete. Diese Hoffnung kommt in einem Schreiben Küngs an den Kardinal zum Ausdruck: „Der nun aufs Ganze gesehen doch glückliche Ausgang, der Rom teilweise sogar den Ruf der ‚Weisheit' und Dir persönlich sehr viel Sympathie auch in sonst eher kritischen Kreisen eingetragen hat, lässt nun bestimmt auch hoffen, dass die Kongregation ihre Verfahrensordnung von Grund auf revidiert und es in anderen Verfahren nicht mehr so weit kommen lässt."[142]

Aufgrund weiterer Publikationstätigkeit kam es jedoch abermals zu einem Einschreiten der Glaubenskongregation gegen Ende des Jahres 1979. In dem an Küng gerichteten und von Kardinal Franjo Šeper unterfertigten Begleitschreiben zur Erklärung der Kongregation für die Glaubenslehre vom 15. Dezember 1979 heißt es dazu:

> Die Kongregation für die Glaubenslehre mußte mit großem Mißfallen die Veröffentlichung Ihrer zwei neuen Publikationen zur Unfehlbarkeitsfrage zur Kenntnis nehmen, nämlich „Kirche – gehalten in der Wahrheit?", Benziger-Verlag 1979, und „Zum Geleit", Vorwort zum Buch von A. B. Hasler, „Wie der Papst unfehlbar wurde", Piper-Verlag 1979. Darin tragen Sie aufs neue und in noch ausdrücklicherer Form Ihre schon früher geäußerten Meinungen zum Thema Unfehlbarkeit in der Kirche vor. Schon früher hatte diese Kongregation, ihrer spezifischen Aufgabe folgend (vgl. das Motu proprio „Integrae servandae", c. 3,4), in einer Erklärung vom 15-2-1975 dazu Stellung genommen, wobei sie die ausdrückliche Bedingung stellte: „.... haec S. Congregatio, de mandatu Summi Pontificis Pauli VI., pro nunc Professorem Ioannem Küng monet, ne tales opiniones docere pergat..." (A.A.S., 1975, p. 204).
>
> Durch die Veröffentlichung Ihrer zwei oben genannten Schriften muß diese Kongregation aber die im zitierten Monitum gestellte Bedingung als nicht erfüllt betrachten. Sie sieht sich deshalb genötigt, der von Ihnen geänderten Sachlage Rechnung zu tragen

---

[141] Die Brief und die Erklärung sind abgedruckt in: Jens, Walter (Hrsg.): Um nichts als die Wahrheit. Deutsche Bischofskonferenz contra Hans Küng. Eine Dokumentation, München 1978, 142-145.

[142] Jens 1978, 163.

und eine neue öffentliche Erklärung herauszubringen, von der wir Ihnen eine Kopie beilegen.[143]

Der endgültige Entzug der kirchlichen Lehrbefugnis erfolgte am 30. Dezember 1979.[144] Hans Küng hat schwerwiegende Verfahrensmängel bei der innerkirchlichen Durchführung des Verfahrens (und desgleichen bei der Beanstandung des Bischofs gegenüber der Landesregierung) ausgemacht; unter diesem Gesichtspunkt besonders aufschlussreich ist sein Schreiben an Helmut Engler, den Minister für Wissenschaft und Kunst Baden-Württembergs, vom 21. Jänner 1980.[145]

5.2.5 Charles Curran

In dem von Kardinal Joseph Ratzinger unterfertigten Schreiben der Kongregation für die Glaubenslehre an Prof. Charles Curran vom 25. Juli 1986 werden verschiedene abweichende Positionen, die die Kongregation nicht gelten lässt, genannt. Diese betreffen: das Recht auf öffentliche Abweichung vom Ordentlichen Lehramt, die Unauflöslichkeit der vollzogenen sakramentalen Ehe, Abtreibung, Euthanasie, Masturbation, künstliche Empfängnisverhütung, vorehelichen Geschlechtsverkehrs und homosexuelle Handlungen. Weiterhin heißt es in dem Schreiben:

> Im Licht dieser Überlegungen ist es evident, daß Sie z.B. nicht angemessen berücksichtigt haben, daß die Position der Kirche im Hinblick auf die Unauflöslichkeit der sakramentalen und vollzogenen Ehe, deren Änderung Sie verlangen, in der Tat auf dem Konzil von Trient definiert wurde und deshalb zum Patrimonium des Glaubens gehört. Ebenso messen Sie dem Zweiten Vatikanum keine ausreichende Bedeutung zu, wenn es in voller Kontinuität mit der Tradition der Kirche die Abtreibung verurteilt und sie ein „verabscheuungswürdiges Verbrechen" nennt. Jedenfalls muß der Gläubige nicht nur das unfehlbare Lehramt akzeptieren. Sie sollen Intellekt und Willen in religiöser Hinsicht der Lehre unterwerfen, die der Pontifex Maximus oder das Bischofskollegium in Fragen des Glaubens und der Moral verkünden, wenn immer Sie das authentische Lehramt ausüben, auch wenn Sie nicht beabsichtigen, die Lehre mit einem definitiven Akt zu proklamieren. Das haben Sie weiterhin abgelehnt zu tun.[146]

Die vom Präfekten der Glaubenskongregation aufgezählten Tatbestände fallen überwiegend in den Bereich der *Sexualethik* und erlauben dementsprechend eine Zuordnung zu diesem Problemfeld.

---

[143] Greinacher, Norbert/Haag, Herbert (Hrsg.): Der Fall Küng. Eine Dokumentation, München 1980, 91f.

[144] Häring, Hermann/Kuschel, Karl-Josef (Hrsg.): Hans Küng. Weg und Werk. Chronik, Essays, Bibliographie. Für die Taschenbuchausgabe erweiterte und aktualisierte Fassung, München 1981, 33.

[145] Das Schreiben ist abgedruckt in: Greinacher/Haag 1980, 481-486.

[146] AAS 79 (1987) 116-118.

5.2.6 Edward Schillebeeckx OP

Die folgende Textstelle ist dem Schreiben der Kongregation für die Glaubenslehre vom 13. Juni 1984 an Edward Schillebeeckx betreffend Aussagen in seinem Buch *Kerkelijk Ambt* (1980, ins Französische übersetzt unter dem Titel *Le Ministère dans l'Église*, 1981) entnommen:

> You affirm that the local particular community has in itself the necessary resources to remedy the lack of ordinary ministers and that it can "make use (for that) of the services of those among its members who are the persons most suited for this service," this last being, according to you, simply "an accentuation and specification" of baptism (R-II 5, 1.29-34; cf. ibid., 3, 1.18-21; 7, 1.32-33).
>
> These "extraordinary ministers" receive, you say, by the simple fact of their call by the community and their "institution in and for the community" (KA 2, 85; ME, 112 m), a real "competence," which enables them to do "in sum, according to the circumstances, all that is necessary to the community life of an ecclesia Dei," which competence is not mere "permission" (of a canonical order), but is "sacramental power" (RP 8, 1.12-17; R-II 6.1, 30-31). They receive "the sacramentum ordinis," which is thus transmitted to them "in an extraordinary manner" (R-II 8, 1.19-20; 6, 1.30-32), without insertion into the apostolic succession in the technical sense of this expression (R-II 6, 1.6-8). By virtue of which "nothing else happens in an 'extraordinary' sacramental celebration than what occurs in a celebration by an ordinary minister; in both cases, it is the church herself which, in the faith, in celebrating accomplishes her salvation" (R-II 3, 1.26-29).[147]

Die Textstelle erlaubt die Zuordnung zu den Problemfeldern *Lehre von der Eucharistie* und *Apostolische Sukzession*. Diese Einschätzung entspricht grosso modo auch der Charakterisierung des Konfliktszenarios bei Kaufmann: „Die Anklage betraf u.a. Schillebeeckx' Offenbarungsbegriff, sein Eucharistieverständnis und seine Behandlung verschiedener Probleme um die Sakramente, auch solche praktischer Art, die sich aus Situationen in einer säkularisierten Gesellschaft ergäben. Man warf ihm vor, er sehe das Phänomen der Säkularisierung zu optimistisch und dies mache sein Kirchenverständnis einseitig."[148]

Ein erstes Verfahren gegen Schillebeeckx wurde bereits wenige Jahre nach Beendigung des Konzils im Geheimen eröffnet. Carsten Barwasser gibt zu bedenken, dass Schillebeeckx überhaupt nur „der Tatsache, dass Karl Rahner zum Verteidiger bestimmt wurde",[149] die Benachrichtigung von der Untersuchung verdankt. Vermutlich geht es auf eine persönliche

---

[147] AAS 77 (1985) 994-997.

[148] Kaufmann 1987, 35.

[149] Barwasser, Carsten: Theologie der Kultur und Hermeneutik der Glaubenserfahrung. Zur Gottesfrage und Glaubensverantwortung bei Edward Schillebeeckx OP, Berlin 2010 (= Religion – Geschichte – Gesellschaft, Fundamentaltheologische Studien; Band 47), 193.

Initiative von Kardinal Šeper zurück, dass Karl Rahner als Schillebeeckx' „Relator pro auctore" gewählt wurde. Da Rahner keine Kenntnis von der Aktenlage hatte, konzentrierte er seine Verteidigung „auf die Notwendigkeit, die alten Glaubensdogmen in unserer säkulari- sierten Zeit so zu durchdenken und zu verkündigen, dass sie auch für Menschen von heute als Heilswahrheiten glaubwürdig sein konnten – so wie er es selbst tat."[150]

Offenbar verfehlte Rahner bei einem Teil der Konsultoren nicht seine Wirkung. Er ging aber noch einen Schritt weiter und kritisierte „die Methode derer, die Schillebeeckx verfolg- ten. Er warf ihnen vor, dass sie fragwürdige Zitate aus ihrem Zusammenhang rissen und mangelhaft übersetzte Bemerkungen einfach aneinanderreihten. Auf diese Weise könne man jemandem wie Schillebeeckx nur Unrecht tun."[151] Das Ergebnis der Verteidigung Rahners war verblüffend: am folgenden Tag, dem 8. Oktober 1968, verlas der vatikanische Presse- sprecher eine Erklärung, wonach überhaupt kein doktrinärer Prozess gegen Schillebeeckx geführt wurde. Auf diese Weise wurde „das zweifellos begonnene Verfahren nach aussen hinuntergespielt und intern sistiert."[152]

5.2.7   Leonardo Boff OFM

Die folgende Textstelle ist dem Schreiben der Kongregation für die Glaubenslehre vom 11. März 1985 an Leonardo Boff betreffend Aussagen in seinem Buch *Igreja: Carisma e Poder. Ensaios de Eclesiologia militante* (Editora Vozes - Petrópolis, RJ, Brasil, 1981; dt. *Kirche: Charisma und Macht. Studien zu einer streitbaren Ekklesiologie*, 1985) entnommen:

The Structure of the Church

L. Boff, according to his own words, sets himself inside an orientation where it is af- firmed that the "Jesus did not have in mind the Church as institution but rather that it evolved after the resurrection, particularly as part of the process of de- eschatologization" (p. 74). Consequently, for him the hierarchy is "a result," of "the powerful need to organize" and the "assuming of societal characteristics" in "the Ro- man and feudal style" (p. 40). Hence the necessity arises for permanent "change in the church" (p. 64); today a "new church" must arise (p. 62 and passim), which will be "an alternative for the incarnation of new ecclesial institutions whose power will be pure service" (p. 63).

Exercise of Sacred Power

---

[150] Kaufmann 1987, 35.
[151] Kaufmann 1987, 35f.
[152] Kaufmann 1987, 36.

A "grave pathology" from which, according to L. Boff, the Roman Church ought to liberate itself is constituted by the hegemonic exercise of the sacred power which, besides making the Roman Church an asymmetrical society, has also deformed it.

Prophetic Role in the Church

The book Church: Charism and Power denounces the Church's hierarchy and institutions (cf. pp. 33-34; 57; 154-156). By way of explanation and justification of this attitude, it makes claim to the role of the charisms, particularly of prophecy (cf. pp. 154-156, 162). The hierarchy would have the mere function of "coordinating," of "making way for unity and harmony among the various services," and keeping things flowing and impeding all division and impositions, therefore eliminating from the prophetic function "immediate subordination of the members to those in the hierarchy" (p. 164).[153]

Die Textstellen erlauben die Zuordnung zu den Problemfeldern Ekklesiologie und Strukturen der Kirche.

5.2.8 André Guindon OMI

Die folgenden Textstellen sind der Notifikation der Kongregation für die Glaubenslehre zu dem Buch *The Sexual Creators. An Ethical Proposal for Concerned Christians* (University Press of America, Lanham-New York-London 1986) von Pater André Guindon OMI entnommen:

The author uses the terms "sexual" and "sexuality" in a wide sense so as to designate all that characterizes the affective activities of the human being as sexual (cf., for example, pp. 23, 71, 120-121). "Sexuality is that which gives human beings an interpersonal and social history and that which makes them responsible for its development" (p. 34). One can hardly imagine a broader definition. Sexuality is described in terms of the two components of "sensuality" and "tenderness", which are linked respectively to the bodily and spiritual dimensions of the human being. But to designate as sexual every expression of affection with the claim that it is inevitably marked by the sexual nature of the person is not only a confusing inflation of the word sexual, but also a violation of the elementary rules of logic. From the fact that every affective relationship is marked by the sexual character of the partners, it does not follow that every affective relationship is a sexual one. It becomes ambiguous and confusing, then, when all affective relationships, even those of parents with their children, those of celibates and so on are characterized as sexual (pp. 66-67, 120-121).

Corresponding to this enlarged notion of sexuality is the author's proposal of a new and more fundamental understanding of "sexual fecundity", which is to become the basis for illuminating "all the instances of sexual interaction" (pp. 66-67). This new criterion of reference is presented as independent of "biological fecundity", which traditional Catholic moral teaching, it is claimed, mistakenly assumed to be the only norm. Thus the principle regulating human sexuality would no longer be the inseparability of the unitive and procreative meanings of the sexual act, but rather the inseparability of "sensuality" and "tenderness" (pp. 66-68). The primary meaning of the

[153] AAS 77 (1985) 756-762.

"transmission of life" would be a "new quality of human life which is communicated in and through an integrated sexual experience... from one love to the other" (p. 67). Procreation is treated as secondary and dispensable. The integration of sensuality and tenderness is proposed as the criterion for judging any kind of sexual activity, not only conjugal, nor heterosexual only, but also homosexual (p. 67). As a result, "it is assumed that the moral journey in the sexual lives of spouses, parents, sons and daughters, lesbians and gays or celibates does not differ substantially from one lifestyle to another" (p. 79). [...]

In regard to homosexuality, the author tends to liken, from the moral point of view, the homosexual situation and the heterosexual situation on the basis of an abstract conception of sexual fecundity, applied univocally to specifically different kinds of sexual conduct (pp. 159-160, 172, 177). In some respects a homosexual relationship would indeed seem to be superior to a heterosexual relationship.[154]

Die Textstellen erlauben die Zuordnung zum Problemfeld Sexualethik.

5.2.9 Tissa Balasuriya OMI

Die folgenden Textstellen sind der Notifikation der Kongregation für die Glaubenslehre vom 2. Jänner 1997 betreffend das Buch *Mary and Human Liberation*, veröffentlicht in der Zeitschrift *Logos*, 29, 1.-2. März / Juli 1990 (Colombo, Sri Lanka), von Pater Tissa Balasuriya OMI, entnommen (*Osservatore Romano*, 5. Januar 1997, 2):

Der Verfasser erkennt den übernatürlichen, einzigartigen und unwiederholbaren Charakter der Offenbarung Jesu Christi nicht an, sondern stellt deren Voraussetzungen mit denen anderer Religionen gleichberechtigt nebeneinander (vgl. SS. 31-63). So behauptet er beispielsweise, dass einige mit Mythen zusammenhängenden »presuppositions« in a-kritischer Weise als geoffenbarte historische Fakten übernommen worden seien und – von den maßgeblichen Vertretern des Klerus ideologisch interpretiert – ins Lehramt einfließen konnten (vgl. SS. 41-49).

Darüber hinaus behauptet P. Balasuriya eine Diskontinuität in der Offenbarungsökonomie. So unterscheidet er »between the faith due in Christianity to what Jesus teaches and to what the Churches have subsequently developed as interpretations of his teaching« (S. 37). Daraus folgt, dass der von den verschiedenen Dogmen zum Ausdruck gebrachte Inhalt auf die gleiche Stufe gestellt wird wie die »von den Kirchen« angebotenen theologischen Interpretationen, die Frucht ihrer jeweiligen kulturellen und politischen Entscheidungen sind (vgl. SS. 42-45; 76-77). Daraus folgt de facto die Leugnung der Natur des katholischen Dogmas und folglich die Relativierung der darin enthaltenen geoffenbarten Wahrheiten.

Der Verfasser relativiert vor allem das christologische Dogma: Jesus wird einfach nur als »supreme teacher« (S. 37) dargestellt, »one showing a path to deliverance from sin and union with God« (S. 37), »one of the greatest spiritual leaders of humanity« (S. 149), eine Person also, die uns ihre »primordial spiritual experience« (S. 37) mitteilt, deren Gottessohnschaft aber niemals ausdrücklich anerkannt (vgl. SS. 47, 104-105, 153) und deren Heilsfunktion nur in zweifelhafter Weise zugegeben wird (vgl. S. 81).

---

[154] OS (Osservatore Romano) vom 31. Jänner 1992, 5f.

Aus dieser Sicht ergeben sich auch die Irrtümer bezüglich der Ekklesiologie. Indem er nicht anerkennt, dass »Jesus Christ wanted a Church — say the Catholic Church — to be the mediator of that salvation« (S. 81), verkürzt P. Balasuriya das Heil auf ein »direct relationship between God and the human person« (S. 81), womit er auch die Notwendigkeit der Taufe leugnet (vgl. S. 68).

Ein wichtiger Aspekt des Denkens von P. Balasuriya ist seine Leugnung des Dogmas der Ursünde, die er als einfaches Produkt des theologischen Denkens der westlichen Welt betrachtet (vgl. SS. 66-78). Das steht im Widerspruch zur Natur dieses Dogmas und seiner wesentlichen Verbindung mit der offenbarten Wahrheit. Der Autor vertritt nämlich nicht die Meinung, dass die Bedeutung der dogmatischen Formeln stets wahr und unveränderlich bleibt, auch wenn sie klarer zum Ausdruck gebracht und besser verstanden werden kann.

Auf der Grundlage dieser Behauptungen geht der Autor dann soweit, insbesondere die Mariendogmen zu leugnen. Die Gottesmutterschaft Mariens, ihre unbefleckte Empfängnis und Jungfräulichkeit, ebenso wie ihre leibliche Aufnahme in den Himmel werden nicht als zum Wort Gottes gehörende Wahrheiten anerkannt (vgl. SS. 47, 106, 139, 152, 191). In dem Versuch, eine Sicht Mariens zu bieten, die frei ist von allen »theological elaborations, which are derived from a particular interpretation of one sentence or other of the scriptures« (S. 150), spricht er der dogmatischen Lehre über die Person der seligen Jungfrau Maria faktisch jeglichen Offenbarungscharakter ab und leugnet damit die Autorität der Tradition als Vermittlerin geoffenbarter Wahrheit.

Desgleichen muss auch festgehalten werden, dass P. Balasuriya einige Behauptungen des universalen außerordentlichen und ordentlichen Lehramtes leugnet bzw. relativiert und damit zeigt, dass er die Existenz einer Unfehlbarkeit des römischen Papstes und des Bischofskollegiums cum et sub Petro nicht anerkennt. Indem er den Primat des Nachfolgers Petri auf eine einfache Frage der Macht verkürzt (vgl. SS. 42, 84, 170), leugnet er darüber hinaus auch den besonderen Charakter dieses Dienstes.

Anlässlich der Veröffentlichung dieser Notifikation fühlt sich die Kongregation verpflichtet zu erklären, dass P. Tissa Balasuriya von der Integrität der Wahrheit des katholischen Glaubens abgekommen ist, nicht länger als katholischer Theologe betrachtet werden kann und sich auch die Strafe der Exkommunikation latae sententiae (can. 1364, § 1) zugezogen hat.[155]

Die zitierten Textstellen erlauben die Zuordnung zu den Problemfeldern Offenbarung, Christologie, Ekklesiologie, Dogma der Ursünde, Mariologie, kirchliches Lehramt.

Nach Severin Lederhilger rief die weltweite Diskussion bezüglich der lehrmäßigen Abweichungen von P. Balasuriya „sehr konkret die bleibende Aktualität der ‚Spannung' zwischen der Freiheit theologischer Forschung und dem Gehorsam gegenüber dem kirchlich-hierarchischen Lehramt in Erinnerung."[156]

P. Balasuriya hätte einen speziell für ihn mit Bezug auf die kontroversen Aussagen entworfenen Bekenntnistext unterzeichnen sollen. Stattdessen ließ er im Mai 1996 der Kongre-

---

[155] OR (Osservatore Romano) vom 5. Januar 1997, 2.
[156] Lederhilger (1995-97) 115.

gation einen anderen Text zukommen, das *Feierliche Glaubensbekenntnis* Pauls VI., das von ihm unterzeichnet und mit folgender Zusatzklausel versehen worden war: „I, Father Tissa Balasuriya OMI make and sign this Profession of Faith of Pope Paul VI in the context of theological development and Church practice since Vatican II and the freedom and responsibility of Christians and theological searchers, under Canon Law."[157]

Diese Klausel aber „schmälert nach Ansicht der Glaubenskongregation nicht nur ‚den universellen und dauernden Wert der Definitionen des Lehramtes‘, sondern machte das Bekenntnis selbst zunichte, weshalb es zur formellen Häresieerklärung kam."[158]

5.2.10 Jeannine Gramick SSND und Robert Nugent SDS

Aus der Notifikation der Kongregation für die Glaubenslehre betreffend Schwester Jeannine Gramick SSND und Pater Robert Nugent SDS vom 31. Mai 1999 zu Aussagen in ihren Büchern *Building Bridges: Gay and Lesbian Reality and the Catholic Church* (als Autoren) und *Voices of Hope: A Collection of Positive Catholic Writings on Gay and Lesbian Issues* (als Herausgeber):

> From the beginning, in presenting the Church's teaching on homosexuality, Father Nugent and Sister Gramick have continually called central elements of that teaching into question.[159]

Diese kurze Textstelle erlaubt bereits die Zuordnung zum Problemfeld Sexualethik.

5.2.11 Reinhard Meßner

Die folgende Textstelle ist der *Notifikation bezüglich einiger Veröffentlichungen von Professor Dr. Reinhard Meßner* der Kongregation für die Glaubenslehre vom 30. November 2000 entnommen. Gegenstand der Beanstandung war insbesondere seine Dissertation *Die Meßreform Martin Luthers und die Eucharistie der Alten Kirche. Ein Beitrag zu einer systematischen Liturgiewissenschaft* (Innsbruck-Wien 1989):

> Professor Dr. Reinhard Meßner behandelt in seinen Veröffentlichungen, besonders in seiner Dissertation «Die Meßreform Martin Luthers und die Eucharistie der Alten Kirche. Ein Beitrag zu einer systematischen Liturgiewissenschaft» (Innsbruck-Wien 1989), schwierige Grundlegungsfragen der Theologie, wie etwa das Verhältnis von

---

[157] Notifikation der Kongregation für die Glaubenslehre vom 2. Jänner 1997, Quelle: siehe Fn 155.

[158] Lederhilger (1995-97) 116.

[159] AAS 91 (1999) 821-825.

Schriftdeutung und historisch-kritischer Methode, von Schrift und Tradition, vom Lehramt und seinem Gegenstand, von Liturgie und Dogma. Diese Fragen, deren gegensätzliche Beantwortung im Zeitalter der Reformation zu den wesentlichen Ursachen der Kirchenspaltung zählt, müssen heute in der Tat angesichts weittragender neuer Einsichten methodischer wie inhaltlicher Art, nicht zuletzt aber im Licht der Ent-Entscheidungen des II. Vatikanischen Konzils erneut bedacht werden. [...]

Die Konsequenzen dieser Sichtweise von Schrift, Tradition und Lehramt werden in den Grundlegungsfragen des eucharistischen Glaubens deutlich. Daß die Tradition inhaltlich nichts verbürgen kann und uns daher den jeweiligen historischen Hypothesen überläßt, wird sichtbar, wenn Meßner über den Ursprung der Eucharistie sagt: «Was uns überliefert ist, spiegelt letztlich die katechetische Praxis der Gemeinden. Es ist also nicht möglich, eine Theologie der Eucharistie aus einem absoluten Stiftungswillen Jesu abzuleiten, der dann jede liturgische Tradition normiert» (Seite 17). Was Jesus selber wirklich wollte, wissen wir also nicht, und auf eine Einsetzung der Eucharistie durch Jesus können wir nach dieser Darstellung nicht rekurrieren. Meßner greift daher für die frühe Zeit der Kirche mit leichten Modifikationen auf die bekannte These von H. Lietzmann (Messe und Herrenmahl. 1926) zurück und glaubt für diese Periode zwei unterschiedliche Typen von «Eucharistie» feststellen zu können: zum einen «vor allem eschatologisch ausgerichtete Mahlzeiten» (im Sinn von Didache 9 und 10) und «eine liturgische Feier, die wesentlich an das Abschiedsmahl Jesu anknüpft» (Seite 27). Ausdrücklich sagt er, daß «vom urchristlichen „Brotbrechen" keine direkte Linie zu unserer Eucharistiefeier führt» (Seite 32). Zwei Verbindungen zwischen dem urchristlichen «Herrenmahl» und der Eucharistie der katholischen Kirche sieht er allerdings: «die eschatologische Ausrichtung... und die Gemeinschaft (Koinonia)...» (Seite 33). Nur das könnte man demgemäß als bis in die Frühzeit zurückreichenden wesentlichen Kern der «Eucharistie» ansehen.[160]

Der herangezogene Ausschnitt aus der Notifikation erlaubt die Zuordnung zum Problemfeld Lehre von der Eucharistie.

Nach Rhode geben die neueren offiziellen Dokumente Auskunft darüber, ob das ordentliche oder das dringliche Verfahren angewendet wurde. Das Verfahren über Reinhard Meßner bilde in dieser Hinsicht eine Ausnahme. Rhode bezieht sich auf eine – sicherlich zuverlässige – Mitteilung von Winfried Löffler, wonach es als dringliches Verfahren durchgeführt wurde.[161]

5.2.12 Jacques Dupuis SJ

Aus der Notifikation der Kongregation für die Glaubenslehre vom 24. Jänner 2001 betreffend das Buch *Toward a Christian Theology of Religious Pluralism* (Orbis Books: Maryknoll, New York 1997) von Pater Jacques Dupuis SJ:

Following the doctrinal examination of the book and the outcome of the dialogue with the author, the Bishop and Cardinal Members of the Congregation, in the Ordinary

---

[160] AAS 93 (2001) 385-395.
[161] Rhode 2011, 43 (siehe dort unter Fn 18).

> Session of June 30, 1999, evaluated the analysis and the opinions of the Congregation's Consultors regarding the author's Responses. The Members of the Congregation recognized the author's attempt to remain within the limits of orthodoxy in his study of questions hitherto largely unexplored. At the same time, while noting the author's willingness to provide the necessary clarifications, as evident in his Responses, as well as his desire to remain faithful to the doctrine of the Church and the teaching of the Magisterium, they found that his book contained notable ambiguities and difficulties on important doctrinal points, which could lead a reader to erroneous or harmful opinions. These points concerned the interpretation of the sole and universal salvific mediation of Christ, the unicity and completeness of Christ's revelation, the universal salvific action of the Holy Spirit, the orientation of all people to the Church, and the value and significance of the salvific function of other religions.[162]

Die obige Textstelle erlaubt die Zuordnung zu den Problemfeldern Soteriologie, Offenbarungslehre, Pneumatologie, Erlösung in anderen Religionen. Das Verfahren wurde in der ordentlichen Form durchgeführt und es hat tatsächlich ein persönliches Gespräch mit dem Autor stattgefunden.[163]

5.2.13 Marciano Vidal CSsR

Aus der Notifikation der Kongregation für die Glaubenslehre vom 22. Februar 2001 betreffend bestimmte Schriften von Pater Marciano Vidal, CSsR:

> On December 13, 1997, the Congregation sent the text of the official Contestatio to the author, through Father Joseph William Tobin, Superior General of the Congregation of the Most Holy Redeemer. It was composed of an introduction, which dealt with the christological foundation of theological ethics, and two parts, the first on epistemological questions (the relationship of Scripture / Tradition / Magisterium, and theologians / Magisterium), and the second on particular errors (person / sexuality / bioethics; social morality; eschatology / utopia). [...]

> The author maintains that contraceptive methods which intervene after fertilization and before implantation are not abortifacient. He maintains that, generally speaking, they cannot be considered morally licit means of birth control; however, they are morally acceptable 'in situations of particular gravity, when it is impossible to have recourse to other means'. The author applies this same standard of judgment to sterilization, stating that in some situations it does not pose a moral problem, 'given that the intention is to achieve a human good in a responsible way'. Both these positions are contrary to the teaching of the Church.

> The author holds that the doctrine of the Church on homosexuality possesses a certain coherence, but does not enjoy an adequate biblical foundation and suffers from significant conditioning and ambiguities. It reflects the defects present 'in the entire historical construct of Christian sexual ethics'. In the moral evaluation of homosexuality, the author adds, one must 'adopt a provisional attitude', formulated 'from the perspective of inquiry and openness'. For the person who is irreversibly homosexual, a coherent Christian commitment 'does not necessarily lead to the rigid morality of either becom-

---

[162] AAS 94 (2002) 141-145.

[163] Vgl. Rhode 2011, 51.

ing heterosexual or total abstinence'. These positions are incompatible with Catholic doctrine, according to which there is a precise and well-founded evaluation of the objective morality of sexual relations between persons of the same sex. The degree of subjective moral culpability in individual cases is not the issue here.

The author asserts that the 'gravity ex toto genere suo of masturbation' has not been established. In fact, personal conditions are objective elements of this behaviour and therefore 'it is not correct to create an 'objective abstraction' from personal conditioning and make an evaluation that is universally valid from an objective point of view'. 'Not every act of masturbation is 'objectively grave matter'. In this view, the judgment of Catholic moral teaching, according to which acts of autoeroticism are objectively intrinsically evil, would not be correct.

With regard to responsible parenthood, the author states that none of the present methods of birth control is good in every respect. 'It is inconsistent and dangerous to make an overall moral evaluation based on one particular method'. While it is the responsibility of the Magisterium to give positive and negative guidance on the use of the various methods, if conflicts of conscience arise, 'the fundamental principle of the inviolability of the moral conscience would continue to be valid'. But even prescinding from conflict situations, 'the moral use of strictly contraceptive methods must be the object of the responsible discernment of the married couple'. Among the various criteria presented by the author to guide this discernment, there is no reference to the objective and binding character of the moral norm contained in the Encyclical Humanae vitae and in other documents of the papal Magisterium before and after.

On homologous in vitro fertilization, the author distances himself from the teaching of the Church. 'With regard to fertilization limited to a husband and wife ('the simple case'), we hold that it cannot be rejected...' If the likelihood of risk to the unborn child is removed as far as possible, and there is a reasonable proportion between the failures and the well-founded hope for success, and the human condition of the embryo is always respected, then 'homologous artificial fertilization cannot be declared immoral in principle'.

Moral de Actitudes also contains ambiguous judgments on other specific moral problems, for example, on married couples having recourse to artificial insemination with the sperm of a donor, on heterologous in vitro fertilization, and on abortion. The author rightly affirms the overall immorality of abortion; however, his position on therapeutic abortion is ambiguous. In his discussion of the possibility of medical intervention in some very difficult cases, it is not clear whether he is referring to what has traditionally been called 'indirect abortion', or if he admits the lawfulness of procedures which do not come under this category. His statements on eugenic abortion are similarly ambiguous. On abortion legislation, the author correctly asserts that abortion cannot be considered an individual right; nevertheless, he goes on to state that 'not all liberalization of laws [on abortion] is directly contrary to ethics'. The author seems to be referring to laws that depenalize abortion. There are, however, different types of depenalization; some in practice constitute the legalization of abortion and the others are not acceptable according to Catholic teaching. Since the context of the author's statement is not sufficiently clear, it is not possible for the reader to determine what form of abortion depenalization is not considered 'directly contrary to ethics'. [164]

Die angeführten Textstellen erlauben die Zuordnung zu den Problemfeldern Verhältnis von Hl. Schrift, Tradition und Lehramt; Verhältnis von Theologie und Lehramt einerseits,

---

[164] AAS 93 (2001) 545-555.

zum Problemfeld Sexualethik andererseits. Das Verfahren wurde in der ordentlichen Form durchgeführt und es hat „tatsächlich ein persönliches Gespräch mit dem Autor stattgefunden. [...] Seitens der Kongregation haben an dem Gespräch der Präfekt, der Sekretär und ein weiterer Bischof sowie einige von der Kongregation ernannte Delegaten teilgenommen."[165]

5.2.14 Roger D. Haight SJ

Aus der Notifikation der Kongregation für die Glaubenslehre vom 13. Dezember 2004 betreffend das Buch *Jesus Symbol of God* (Maryknoll: Orbis Books, 1999) von Pater Roger Haight S.J.:

I. Theological method

In the Preface of his book Jesus Symbol of God, the Author explains that today theology must be done in dialogue with the postmodern world, but it also "must remain faithful to its originating revelation and consistent tradition" (p. xii), in the sense that the data of the faith constitute the norm and criteria for a theological hermeneutic. He also asserts that it is necessary to establish a "critical correlation" (cf. pp. 40-47) between these data and the modes and qualities of postmodern thought, characterized in part by a radical historical and pluralistic consciousness (cf. pp. 24, 330-334): "The tradition must be critically received into the present situation" (p. 46).

This "critical correlation", however, results, in fact, in a subordination of the content of faith to its plausibility and intelligibility in postmodern culture (cf. pp. 49-50, 127, 195, 241, 273-274, 278-282, 330-334). It is stated, for example, that because of the contemporary pluralistic consciousness, "one can no longer claim [...] Christianity as the superior religion, or Christ as the absolute center to which all other historical mediations are relative. [...] It is impossible in postmodern culture to think [...] that one religion can claim to inhabit the center into which all others are to be drawn" (p. 333).

With particular regard to the validity of dogmatic, especially christological formulations in a postmodern cultural and linguistic context, which is different from the one in which they were composed, the Author states that these formulations should not be ignored, but neither should they be uncritically repeated, "because they do not have the same meaning in our culture as they did when they were formulated [...]. Therefore, one has no choice but to engage the classical councils and to explicitly interpret them for our own period" (p. 16). This interpretation, however, does not in fact result in doctrinal proposals that convey the immutable meaning of the dogmas as understood by the faith of the Church, nor does it clarify their meaning, enhancing understanding. The Author's interpretation results instead in a reading that is not only different from but also contrary to the true meaning of the dogmas.

With specific reference to Christology, the Author states that, in order to transcend a "naive revelational positivism" (p. 173, n. 65), it should be set within the context of a "general theory of religion in terms of religious epistemology" (p. 188). A fundamental element of this theory is the symbol as a concrete historical medium: a created reality (for example, a person, an object, or an event) that makes known and present an-

---

[165] Rhode 2011, 51.

other reality, such as the transcendent reality of God, which is at the same time part of and distinct from the medium itself, and to which the medium points (cf. pp. 196-198). Symbolic language, which is structurally poetic, imaginative and figurative (cf. pp. 177, 256), expresses and produces a certain experience of God (cf. p. 11), but does not provide objective information about God himself (cf. pp. 9, 210, 282, 471).

These methodological positions lead to a seriously reductive and misleading interpretation of the doctrines of the faith, resulting in erroneous propositions. In particular, the epistemological choice of the theory of symbol, as it is understood by the Author, undermines the basis of christological dogma, which from the New Testament onwards proclaims that Jesus of Nazareth is the Person of the divine Son/Word who became man.

II. The pre-existence of the Word

In accord with his hermeneutical approach, the Author does not accept that there is a basis for the doctrine of the pre-existence of the Word in the New Testament, not even in the prologue of the Gospel of St. John (cf. pp. 155-178), where, he asserts, the Logos is to be understood in a purely metaphorical sense (cf. p. 177). Moreover, he regards the pronouncements of the Council of Nicaea as intending only to assert that "no less than God was and is present and at work in Jesus" (p. 284; cf. p. 438), maintaining that recourse to the symbol "Logos" is to be understood simply as taken for granted, and therefore not the object of the definition, nor plausible in a postmodern culture (cf. pp. 281, 485). The Council of Nicaea, states the Author, "employs scripture in a way that is not acceptable today", that is, as providing "a source of directly representative information, like facts or objective data, about transcendent reality" (p. 279). The dogma of Nicaea does not teach, therefore, that the eternally pre-existent Son or Logos is consubstantial with and eternally begotten of the Father. The Author proposes "an incarnational Christology in which the created human being or person Jesus of Nazareth is the concrete symbol expressing the presence in history of God as Logos" (p. 439).

This interpretation is not in accord with the dogma of Nicaea, which intentionally affirms, even contrary to the cultural vision of the time, the true pre-existence of the Son/Logos of the Father, who became man, in time, for the salvation of humanity.

III. The divinity of Jesus

The Author's erroneous position on the pre-existence of the Son/Logos of God is consistent with his likewise erroneous understanding of the doctrine on the divinity of Jesus. It is true that he uses expressions such as "Jesus must be considered divine" (p. 283) and "Jesus Christ [...] must be true God" (p. 284). These statements must be understood however in light of his assertions regarding Jesus as a symbolic medium: Jesus is "a finite person" (p. 205), "a human person" (p. 296), "a human being like us" (p. 205; cf. p. 428). The formula "true man and true God" is therefore reinterpreted by the Author in the sense that "true man" means that Jesus is "a human being like all others" (p. 295), "a finite human being and creature" (p. 262); whereas "true God" means that the man Jesus, as a concrete symbol, is or mediates the saving presence of God in history (cf. pp. 262, 295): only in this sense is Jesus to be considered as "truly divine or consubstantial with the God" (p. 295). The "postmodern situation in christology", says the Author, "entails a change of viewpoint that leaves the Chalcedonian problematic behind" (p. 290), precisely in the sense that the hypostatic union, or "enhypostatic" union, would be understood as "the union of no less than God as Word with the human person Jesus" (p. 442).

This interpretation of the divinity of Jesus is contrary to the faith of the Church that believes in Jesus Christ, eternal Son of God, who became man, as has been proclaimed repeatedly in various ecumenical councils and in the constant preaching of the Church.

IV. The Holy Trinity

Coherent with his interpretation of the identity of Jesus Christ, the Author develops an erroneous Trinitarian doctrine. In his judgment the "later doctrines of an immanent Trinity [should] not be allowed to be read into New Testament teaching" (p. 474). These are to be considered as the outcome of a subsequent inculturation, which led to the hypostatization of the symbols "Logos" and "Spirit", that is to say, to considering them as "real entities" in God (cf. p. 481). As "religious symbols", "Logos" and "Spirit" represent two different historical, salvific mediations of the one God: one external, historical, in and through the symbol Jesus; the other internal, dynamic, accomplished by God's communication of self as Spirit (cf. p. 484). Such a view, which corresponds to the general theory of religious experience, leads the Author to abandon a correct understanding of the Trinity itself "that construes it as a description of a differentiated inner life of God" (p. 484). Consequently, he asserts that "notions of God as a community, ideas of hypostatizing the differentiations within God and calling them persons in such a way that they are in dialogical intercommunication with each other, militate against the first point of the doctrine itself" (p. 483), that is, "that God is single and one" (p. 482).

This interpretation of Trinitarian doctrine is erroneous and contrary to the faith regarding the oneness of God in the Trinity of Persons that the Church has proclaimed and confirmed in numerous and authoritative documents.

V. The salvific value of the death of Jesus

In the book Jesus Symbol of God the Author asserts that "the prophetic interpretation" explains best the death of Jesus (cf. p. 86, n. 105). He also states that it is not necessary "that Jesus thought of himself as universal savior" (p. 211), and that the idea of the death of Jesus as "a sacrificial death, an atoning death, a redeeming death" is merely the result of a gradual interpretation by his followers in light of the Old Testament (cf. p. 85). It is also asserted that the traditional ecclesiastical language "of Jesus suffering for us, of being a sacrifice to God, of absorbing punishment for sin in our place, of being required to die to render satisfaction to God, hardly communicates meaningfully to our age" (p. 241). Such language is to be abandoned because "the images associated with this talk offend and even repulse postmodern sensibility and thereby form a barrier to a salutary appreciation of Jesus Christ" (p. 241).

The Author's position is in reality contrary to the doctrine of the Church, which has always held that Jesus intended his death to be for the sake of universal redemption. The Church sees in the New Testament references to salvation, in particular the words of the institution of the Eucharist, a norm of faith regarding the universal salvific value of the sacrifice of the Cross.

VI. The unicity and universality of the salvific mediation of Jesus and of the Church

With regard to the universality of the salvific mission of Jesus, the Author states that Jesus is "normative" for Christians, but "non-constitutive" for other religious mediations (cf. p. 403). Moreover, he asserts that "God alone effects salvation and Jesus' universal mediation is not necessary" (p. 405); indeed, "God acts in the lives of human beings in a plurality of ways outside of Jesus and the Christian sphere" (p. 412). The Author insists on the necessity of moving beyond christocentrism to theocentrism, which "cuts the necessity of binding God's salvation to Jesus of Nazareth alone" (p.

417). With regard to the universal mission of the Church, he maintains that [it] is nec-essary to have "the ability to recognize other religions as mediators of God's salvation on a par with Christianity" (p. 415). Moreover, for the Author it "is impossible in postmodern culture to think that [...] one religion can claim to inhabit the center into which all others are to be drawn. These myths or metanarratives are simply gone" (p. 333).

This theological position fundamentally denies the universal salvific mission of Jesus Christ (cf. Acts 4:12; 1 Tim 2:4-6; Jn 14:6) and, as a consequence, the mission of the Church to announce and communicate the gift of Christ the Saviour to all humanity (cf. Mt 28:19; Mk 16:15; Eph 3:8-11), both of which are given clear witness in the New Testament and have always been proclaimed as the faith of the Church, even in recent documents.

VII. The resurrection of Jesus

The Author's presentation of the resurrection of Jesus is guided by his understanding of theological and biblical language as "symbolic of experience that is historically me-diated" (p. 131), as well as by the principle that "one should ordinarily not expect to have happened in the past what is presumed or proven impossible today" (p. 127). Un-derstood in this way, the resurrection is described as the affirmation that "Jesus is on-tologically alive as an individual within the sphere of God [...], God's declaration that Jesus' life is a true revelation of God and an authentic human existence" (p. 151; cf. p. 124); it is a "transcendent reality that can only be appreciated by faith-hope" (p. 126). The disciples, after the death of Jesus, remembered and reflected upon his life and message, in particular his revelation of God as good, loving, concerned about human existence, and saving. This remembering – that "what God begins in love, because of the complete boundlessness of that love, continues to exist in that love, thus overcom-ing the power and finality of death" (p. 147) – coupled with an initiative of God as Spirit, gradually gave birth to this new belief in the resurrection, that is, that Jesus was alive and exalted within God's saving power (cf. 146). Moreover, according to the Au-thor's interpretation, "the historicity of the empty tomb and appearance narratives is not essential to resurrection faith-hope" (p. 147, n. 54; cf. pp. 124, 134). Rather, these stories "are ways of expressing and teaching the content of a faith already formed" (p. 145).

The Author's interpretation leads to a position which is incompatible with the Church's doctrine. It is advanced on the basis of erroneous assumptions, and not on the witness of the New Testament, according to which the appearances of the Risen Lord and the empty tomb are the foundation of the faith of the disciples in the resur-rection of Christ, and not vice versa.[166]

Die zitierten Textstellen erlauben die Zuordnung zu den Problemfeldern Christologie, Trinität, Soteriologie.

5.2.15 Jon Sobrino SJ

Aus der Notifikation der Kongregation für die Glaubenslehre vom November 26, 2006 betreffend die Bücher *Jesucristo liberador. Lectura histórico-teológica de Jesús de Nazaret*

---

[166] AAS 93 (2001) 545-555.

(Madrid, 1991) und *La fe en Jesucristo. Ensayo desde las víctimas* (San Salvador, 1999) von Pater Jon Sobrino SJ:

These propositions regard: 1) the methodological presuppositions on which the Author bases his theological reflection, 2) the Divinity of Jesus Christ, 3) the Incarnation of the Son of God, 4) the relationship between Jesus Christ and the Kingdom of God, 5) the Self-consciousness of Jesus, and 6) the salvific value of his Death.

II. The Divinity of Jesus Christ

Father Sobrino does not deny the divinity of Jesus when he proposes that it is found in the New Testament only "in seed" and was formulated dogmatically only after many years of believing reflection. Nevertheless he fails to affirm Jesus' divinity with sufficient clarity. This reticence gives credence to the suspicion that the historical development of dogma, which Sobrino describes as ambiguous, has arrived at the formulation of Jesus' divinity without a clear continuity with the New Testament.

III. The Incarnation of the Son of God

5. Father Sobrino writes: "From a dogmatic point of view, we have to say, without any reservation, that the Son (the second person of the Trinity) took on the whole reality of Jesus and, although the dogmatic formula never explains the manner of this being affected by the human dimension, the thesis is radical. The Son experienced Jesus' humanity, existence in history, life, destiny, and death" (Jesus the Liberator, 242).

In this passage, the Author introduces a distinction between the Son and Jesus which suggests to the reader the presence of two subjects in Christ: the Son assumes the reality of Jesus; the Son experiences the humanity, the life, the destiny, and the death of Jesus. It is not clear that the Son is Jesus and that Jesus is the Son. In a literal reading of these passages, Father Sobrino reflects the so-called theology of the homo assumptus, which is incompatible with the Catholic faith which affirms the unity of the person of Jesus Christ in two natures, divine and human, according to the formulations of the Council of Ephesus

6. Another difficulty with the Christological view of Father Sobrino arises from an insufficient comprehension of the communicatio idiomatum, which he describes in the following way: "the limited human is predicated of God, but the unlimited divine is not predicated of Jesus" (Christ the Liberator, 223, cf. 332 333).

IV. Jesus Christ and the Kingdom of God

7. Father Sobrino advances a peculiar view of the relationship between Jesus and the Kingdom of God. This is a point of special interest in his works. According to the Author, the person of Jesus as mediator cannot be absolutized, but must be contemplated in his relatedness to the Kingdom of God, which is apparently considered to be something distinct from Jesus himself

V. The Self-consciousness of Jesus

8. Citing Leonardo Boff, Father Sobrino affirms that "Jesus was an extraordinary believer and had faith. Faith was Jesus' mode of being" (Jesus the Liberator, 154). And for his own part he adds: "This faith describes the totality of the life of Jesus" (Ibidem, 157).

> These citations do not clearly show the unique singularity of the filial relationship of Jesus with the Father; indeed they tend to exclude it. Considering the whole of the New Testament it is not possible to sustain that Jesus was "a believer like ourselves". The Gospel of John speaks of Jesus' "vision" of the Father: "Not that anyone has seen the Father except the one who is from God; he has seen the Father". This unique and singular intimacy between Jesus and the Father is equally evident in the Synoptic Gospels.
>
> The relationship between Jesus and God is not correctly expressed by saying Jesus was a believer like us. On the contrary, it is precisely the intimacy and the direct and immediate knowledge which he has of the Father that allows Jesus to reveal to men the mystery of divine love. Only in this way can Jesus bring us into divine love.
>
> VI. The Salvific Value of the Death of Jesus
>
> 9. In some texts some assertions of Father Sobrino make one think that, for him, Jesus did not attribute a salvific value to his own death: "Let it be said from the start that the historical Jesus did not interpret his death in terms of salvation, in terms of soteriological models later developed by the New Testament, such as expiatory sacrifice or vicarious satisfaction […]. In other words, there are no grounds for thinking that Jesus attributed an absolute transcendent meaning to his own death, as the New Testament did later" (Jesus the Liberator, 201).[167]

Die genannten Probleme betreffen die Göttlichkeit Jesu Christi, die Menschwerdung des Sohnes Gottes, die Beziehung zwischen Jesus Christus und dem Reich Gottes, das Selbstbewusstsein Jesu Christi und der Heilswert seines Todes, und erlauben somit die Zuordnung zu den Problemfeldern Christologie und Soteriologie.

5.3   Systematisierung, Analyse und Diskussion der Ergebnisse

In der unten dargestellten Tabelle wurden die Ergebnisse wie folgt kondensiert und systematisiert: die Zuordnungen zu den einzelnen Problemfeldern wurden unter dem Aspekt des Schutzes der Glaubenslehre einerseits, des Schutzes der Sittenlehre andererseits, vorgenommen. Nur in einem Fall, dem von Marciano Vidal CSsR, war eine Abwägung hinsichtlich der Zuordnung erforderlich, da sich die Problemfelder auf beide Bereiche verteilen; wenn man sich indessen vor Augen hält, dass sein dreibändiges Werk *Moral de Actitudes* im Mittelpunkt der lehramtlichen Untersuchung stand, scheint unter dem Gesichtspunkt der Thematik der beanstandeten Schriften die Zuweisung in die Kategorie Sittenlehre gerechtfertigt. Eingearbeitet wurden weiters die geographische Herkunft bzw. der hauptsächliche Wir-

---

[167] AAS 99 (2007) 181-194.

kungsort des jeweiligen inkriminierten Theologen durch Nennung des entsprechenden Staates neben dem Namen des Autors.

Schutz der Glaubenslehre (9 von 15 Verfahren)	Schutz der Sittenlehre (6 von 15 Verfahren)
Jacques Pohier OP (Frankreich) Zuordnung zu den Problemfeldern Christologie, Ewiges Leben, Inspiration der Hl. Schrift.	**John McNeill** SJ (USA) Zuordnung zum Problemfeld Sexualethik.
Hans Küng (Schweiz – Deutschland) Zuordnung zu den Problemfeldern Infallibilität, kirchliches Lehramt, Lehre von der Eucharistie.	**Anthony Kosnik** (USA) Zuordnung zum Problemfeld Sexualethik.
Edward Schillebeeckx OP (Belgien) zu den Problemfeldern Lehre von der Eucharistie, Apostolische Sukzession.	**Charles Curran** (USA) Zuordnung zum Problemfeld Sexualethik.
Leonardo Boff OFM (Brasilien) Zuordnung zu den Problemfeldern Ekklesiologie, Strukturen der Kirche.	**André Guindon** OMI (Kanada) Zuordnung zum Problemfeld Sexualethik.
Tissa Balasuriya OMI (Sri Lanka) Zuordnung zu den Problemfeldern Offenbarung, Christologie, Ekklesiologie, Dogma der Ursünde, Mariologie, kirchliches Lehramt.	**Jeannine Gramick** SSND und **Robert Nugent** SDS (beide USA) Zuordnung zum Problemfeld Sexualethik.
Reinhard Meßner (Österreich) Zuordnung zum Problemfeld Lehre von der Eucharistie.	**Marciano Vidal** CSsR (Spanien) Zuordnung zu den Problemfeldern Verhältnis von Hl. Schrift, Tradition und Lehramt; Verhältnis von Theologie und Lehramt einerseits, zum Problemfeld Sexualethik andererseits.
Jacques Dupuis SJ (Belgien) Zuordnung zu den Problemfeldern Soteriologie, Offenbarungslehre, Pneumatologie, Erlösung in anderen Religionen.	
Roger D. Haight SJ (USA) Zuordnung zu den Problemfeldern Christologie, Trinität, Soteriologie.	
Jon Sobrino SJ (Spanien – El Salvador) Zuordnung zu den Problemfeldern Christologie und Soteriologie.	

Zahlenmäßig überwiegen mit 9 von 15 Verfahren diejenigen im Bereich der Glaubenslehre; sie weisen aber eine breitere Streuung hinsichtlich der Themenvielfalt auf, wobei manche Themen mehrmals wiederkehren, so z.B.: Christologie: 4-mal; Lehre von der Eucharistie: 3-mal: Soteriologie: 3-mal; Ekklesiologie: 2-mal.

Im Bereich der Sittenlehre finden wir lediglich 6 von 15 Verfahren, die jedoch eine bemerkenswerte Fokussierung auf den Bereich der Sexualethik aufweisen. Dieser Befund legt nahe, dass es sich dabei um eine Altlast handelt, insofern Probleme der Sexualethik vom Zweiten Vatikanum nur unzureichend behandelt werden konnten. Wie Helmut Krätzl ausführt, war offenbar „die Sorge mancher um den Papst herum so groß, dass man die weitere Diskussion über die sittliche Bewertung entsprechender Methoden der Empfängnisregelung nicht einmal den Konzilsvätern mehr zutraute. Der Papst selbst hat die Konzilsdebatte abgebrochen."[168]

Krätzl, der das Zweite Vatikanum als Konzilsstenograph miterlebte, erläutert unter der bezeichnenden Kapitelüberschrift „Was am Konzil nicht diskutiert werden durfte, ist heute noch umstritten", dass von diesem Diskussionsverbot vor allem zwei Themen betroffen sind: „nämlich die Methodenwahl bei ‚verantworteter Elternschaft' und die Frage des Zölibats. Beide Themen durften am Konzil nicht öffentlich diskutiert werden."[169]

Bemerkenswert ist der Text in Fußnote 14 zu Artikel 51 der *Pastoralen Konstitution über die Kirche in der Welt von heute (Gaudium et spes)*: „Bestimmte Fragen, die noch anderer sorgfältiger Untersuchungen bedürfen, sind auf Anordnung des Heiligen Vaters der Kommission für das Bevölkerungswachstum, der Familie und der Geburtenhäufigkeit übergeben worden, damit, nachdem diese Kommission ihre Aufgabe erfüllt hat, der Papst eine Entscheidung treffe. Bei diesem Stand der Doktrin des Lehramtes beabsichtigt das Konzil nicht, konkrete Lösungen unmittelbar vorzulegen."[170]

Es leuchtet ein, dass diese Hinzufügung unter dem Druck der Kurie erfolgte und es dem Konzil nicht gelungen ist, sich „in einer so entscheidenden Frage gegen die Kurie durchzusetzen, weil diese den Papst hinter sich hat. Kardinal Ottaviani und die Seinen, die in der

---

[168] Krätzl, Helmut: Im Sprung gehemmt. Was mir nach dem Konzil noch alles fehlt, Mödling 1998, 95.

[169] Krätzl 1998, 176.

[170] Rahner, Karl/Vorgrimler, Herbert: Kleines Konzilskompendium. Sämtliche Texte des Zweiten Vatikanums. Allgemeine Einleitung – 16 spezielle Einführungen – ausführliches Sachregister, 32. Auflage, Freiburg/Basel/Wien 2005, 503.

Konzilsaula äußerlich als die Verlierer erscheinen, werden schon im Jahr 1968 [...] als Sieger dastehen: Paul VI., sich zu Unrecht auf das Konzil berufend, ja auch die von ihm eingesetzte Kommission mißachtend, wird sich in der Enzyklika ‚Humanae vitae' klar gegen jegliche Empfängnisverhütung aussprechen und damit die katholische Kirche in eine Vertrauenskrise stürzen, die bis heute nicht überwunden ist."[171]

Die etwa 60 Mitglieder der erwähnten Kommission befürworteten nahezu einhellig „eine Entscheidung, die unter bestimmten Umständen auch künstliche Verhütungsmittel als verantwortbar ansah. Nur vier Theologen unterschrieben ein Minoritätsvotum, das alle direkten empfängnisverhütenden (künstlichen) Mittel ablehnte und für die Geburtenregelung ausschließlich die Wahl der empfängnisfreien Tage im Zyklus der Frau als sittlich erlaubt zuließ."[172]

Diese Kommissions-Minderheit legte dem Papst einen eigenen Bericht vor, der sich auf lehramtliche Äußerungen Pius XI. und Pius XII. stützte, und „appellierte an das päpstliche Autoritätsverständnis und die jahrhundertealte Tradition der katholischen Kirche: Wenn der Papst nun anders entscheide, bedeute dies, dass Pius XI. und Pius XII. ‚sehr unweise unter Androhung der ewigen Bestrafung Tausende über Tausende menschlicher Handlungen verurteilt haben, die nun gebilligt werden'."[173]

Die Stellungnahme der Minorität zur päpstlichen Autorität stürzte den Papst offensichtlich in ein Dilemma: mit einem Nein zur Empfängnisverhütung würde er eine Opposition innerhalb der Kirche gegen sich aufbringen; mit einem Ja die die Autorität des Papsttums zerstören. Bezeichnenderweise weigerte sich der Präsident der Kommission, Alfredo Ottaviani, „dem Papst das Mehrheitsvotum zu überreichen. Er schickte einen der Vizepräsidenten vor, den Münchner Kardinal Julius Döpfner."[174]

Papst Paul VI. schloss sich dem Votum der Minderheit an und veröffentlichte am 25. Juli 1968 seine letzte Enzyklika, Humanae vitae. Nach Auffassung von Helmut Krätzl geht die Enzyklika „insgesamt von der neuen, tieferen Sicht der Ehe aus, wie sie das Konzil darlegte, lediglich in der Frage der Empfängnisregelung kehrt sie zur traditionellen Lehre vor dem

---

[171] Küng 2004, 576.
[172] Krätzl 1998, 96.
[173] Knopp, Guido: Vatikan. Die Macht der Päpste, München 1998, 211.
[174] Knopp 1998, 212.

Konzil zurück."[175] Die innerkirchliche Reaktion auf die Enzyklika war „kirchengeschichtlich einmalig."[176] Von den zahlreichen Hirtenworten, die die Gewissenslage der Gläubigen betonten, sind „im deutschen Sprachraum [...] vor allem die sogenannte ‚Maria Troster Erklärung' der österreichischen und die ‚Königsteiner Erklärung' der deutschen Bischöfe bekannt geworden."[177]

Hans Küng bezeichnet es als einzigartigen Vorgang in der Geschichte der päpstlichen Enzykliken, dass „ein eigentlicher Sturm der Ablehnung auch innerhalb der katholischen Kirche einen Papst veranlaßt, schon gleich nach der Veröffentlichung der Enzyklika zu ihrer öffentlichen Verteidigung anzutreten."[178] Der neuralgische Punkt der päpstlichen Entscheidung war offensichtlich „die Frage des *Irrtums* in der traditionellen Lehre der Kirche und der letzten Päpste".[179]

Wie Küng weiter ausführt, tritt damit folgende Problematik klar zutage: „Die Erlaubtheit der Empfängnisverhütung hätte nur unter der einen für Papst und Kurie völlig inakzeptablen Bedingung zugestanden werden können, daß man die traditionelle Lehre der Kirche und insbesondere der letzten drei Päpste desavouiert hätte, daß man also einen Irrtum in dieser Lehre der Kirche zugegeben hätte."[180]

Bereits dieser komprimierten Darstellung des Sachverhalts lässt sich entnehmen, dass hier ein für den Papst unlösbares Dilemma vorlag: In der Kommission gab es eine konservative Minderheit, die das Formale der Lehre (die Unfehlbarkeit) für sich, aber das Materiale der Lehre (die Erlaubtheit der Empfängnisverhütung) gegen sich hatte, während die progressive Mehrheit das Materiale (die Erlaubtheit der Empfängnisverhütung) für sich, aber das Formale (die Unfehlbarkeit) gegen sich hatte.[181] Der Papst hat sich in dieser Situation „gegen alle sachlichen Argumente seiner von ihm selbst berufenen Fachexperten für die Unfehlbarkeit der Lehre entschieden."[182]

---

[175] Krätzl 1998, 97.
[176] Ebd.
[177] Ebd.
[178] Küng, Hans: Unfehlbar? Eine Anfrage, Frankfurt am Main/Berlin/Wien 1980, 38.
[179] Küng 1980, 40.
[180] Ebd.
[181] Vgl. Küng 1980, 49.
[182] Ebd.

Wenn wir nunmehr einen Blick auf die Analyse der abgeschlossenen Lehrbeanstandungsverfahren nach dem geographischen Gesichtspunkt werfen, fällt auf, dass jene Theologen, deren Verfahren das Problemfeld der Glaubenslehre betreffen, mehr oder weniger gleichmäßig in europäischen Staaten sowie in Brasilien und Sri Lanka (je ein Autor) beheimatet sind, während all jene, deren Verfahren das Problemfeld Sittenlehre betreffen, mit einer einzigen Ausnahme – nämlich Marciano Vidal CSsR, dessen Verfahren im Prinzip beiden Problemfeldern zugehört, und, wie oben ausgeführt, lediglich aufgrund einer Abwägung der Kategorie Sittenlehre zugeschlagen wurde – sich auf den nordamerikanischen Kontinent konzentrieren; mit anderen Worten: vier Verfahren, die gegen vier Theologen und eine Theologin geführt wurden, fallen in die Vereinigten Staaten von Amerika und ein Verfahren fällt nach Kanada.

Die Beobachtung, dass nordamerikanische Autoren vor allem in der Kategorie Sittenlehre von lehramtlichen Maßnahmen betroffen sind, oder – anders gewendet – auch: dass lehramtlichen Maßnahmen in der Kategorie Sittenlehre hauptsächlich nordamerikanische Autoren betreffen, findet ihre Deckung in einer kritischen Aussage Hans Küngs: „Die Inquisition ist wieder einmal in vollem Gang. Am aktivsten ging sie gegen nordamerikanische Moraltheologen, mitteleuropäische Dogmatiker und lateinamerikanische oder afrikanische Befreiungstheologen vor. ... Kardinal Ratzinger fürchtet sich. Genau wie Dostojewskis Großinquisitor fürchtet er nichts mehr als die Freiheit."[183]

---

[183] Zitiert nach: Reese 2005, 353.

6.   Ertrag der Untersuchung und Ausblick

Die theologische Ethik lehrt, dass sich „das kirchliche Lehramt der katholischen Kirche wie jede andere Institution auch zu moralischen Fragen äußern darf und kann."[184] Mehr noch, von der Öffentlichkeit wird sogar erwartet, dass eine Institution wie die katholische Kirche sich zu derartigen Fragen äußert. In der Frage der Verbindlichkeit lehramtlicher Aussagen fällt das Urteil jedoch schwerer, da es hier „um die grundsätzliche Zuständigkeit für sittliche Probleme geht."[185]

Die Lehrautorität des kirchlichen Magisteriums ist auf den Glauben beschränkt, wenn wir es als Organ der Kirche verstehen, das verbindliche Glaubensaussagen treffen und die Botschaft Jesu immer wieder neu auslegen möchte. Denn es gilt: „Unfehlbarkeit ist ein Qualitätsmerkmal für eine Glaubensaussage. Sie garantiert die Übereinstimmung mit der Botschaft Jesu, der Tradition, dem Glauben aller Gläubigen (consensus fidelium) und der Theologie. Von Unfehlbarkeit kann angemessen nur in diesem Kontext gesprochen werden."[186]

Sittliche Ansprüche sind aber weder Glaubensgeheimnisse, noch lassen sie sich aus diesen ableiten, vielmehr müssen sie von der Vernunft als richtig ausgewiesen werden, einsehbar und nachvollziehbar sein (Rationalität, Plausibilität, Diskursivität, Argumentativität). Auch beinhalten sittliche Einsichten und Weisungen einen „von Glaubensaussagen unterschiedenen Verbindlichkeitsanspruch. [...] Denn sittliche Aussagen sind, im Gegensatz zu Glaubensaussagen, an das jeweilige Sachwissen, an die konkreten Umstände und die Handlungssubjekte gebunden."[187]

Daher macht es in Fragen der Moral wenig Sinn, sich auf die Unfehlbarkeit des kirchlichen Lehramtes zu beziehen; das Lehramt der römisch-katholischen Kirche muss sich „wie jeder Mensch auch in Fragen der Moral auf die Durchsetzungskraft seiner Argumente stützen."[188]

---

[184] Laubach, Thomas: „Kirchliche Weisungen. Zum Verhältnis von institutioneller Autorität und persönlichem Urteil", in: Hunold, Gerfried W./Laubach, Thomas/Greis, Andreas (Hrsg.): Theologische Ethik. Ein Werkbuch, Tübingen/Basel 2000, [223]-242, 229.
[185] Laubach 2000, 230.
[186] Ebd.
[187] Ebd.
[188] Laubach 2000, 231.

Diese Einsicht müsste sich die Kirche zu eigen machen, und dies insbesondere auch unter intensivierter Bedachtnahme auf die kontextuelle Dimension ethischer Fragen in einer globalisierten Welt, sonst kann sie in Fragen der Moral innerkirchlich nicht bestehen und über den binnenkirchlichen Raum nicht hinausreichen. Gerade dort, wo „eben nicht an die Botschaft Jesu geglaubt wird, müssen die Kirchen durch ihre Argumente überzeugen. Der bloße Verweis auf die göttliche Offenbarung zur Begründung eines Anspruchs greift hier offensichtlich nicht."[189]

---

[189] Ebd.

Anhang: Text (lat./dt.) der „Agendi ratio in doctrinarum examine" (1997)

Art. 1. Congregatio pro Doctrina Fidei munus habet doctrinam de fide ac moribus in universo catholico orbe promovendi atque tutandi. Quo in fine persequendo, ipsa servitium praebet veritati, cum ius defendat Populi Dei recipiendi nuntium Evangelii in sua genuinitate et integritate. Quapropter, ne fides ac mores detrimentum patiantur ob errores quomodocumque vulgatos, eadem officio quoque adstringitur excutiendi scripta ac sententias, quae rectae fidei contraria aut insidiosa videantur.

Art. 1. Die Kongregation für die Glaubenslehre hat die Aufgabe, die Glaubens- und Sittenlehre in der ganzen katholischen Kirche zu fördern und zu schützen. In der Erfüllung dieser Aufgabe leistet sie einen Dienst an der Wahrheit und schützt sie das Recht des Volkes Gottes auf die getreue und vollständige Verkündigung des Evangeliums. Damit Glaube und Sitten durch verbreitete Irrtümer keinen Schaden leiden, hat sie auch die Pflicht, Schriften und Meinungen zu überprüfen, die dem rechten Glauben entgegengesetzt oder gefährlich scheinen.

Art. 2. Ceterum haec primaria sollicitudo pastoralis ad omnes Ecclesiae Pastores pertinet, quibus, sive singulis, sive in Conciliis particularibus vel in Conferentiis Episcopalibus adunatis, ius et officium est vigilandi, ne detrimentum afferatur rectae fidei aut moribus fidelium, qui ipsorum curae sunt commissi. Quam ad rem, ipsi uti possunt etiam Commissionibus Doctrinalibus, quae ut instrumentum consultivum institutae sunt, ut iisdem Conferentiis Episcopalibus et singulis Episcopis auxilium afferant in eorum pro doctrina fidei sollicitudine. Restat utcumque firmum principium, quod Sancta Sedes semper intervenire potest, atque de more intervenit, cum influxus cuiusdam scripti fines alicuius Conferentiae Episcopalis egreditur, aut etiam periculum fidei peculiarem induit gravitatem. Quo in casu, Congregatio pro Doctrina Fidei hanc, quae sequitur, agendi rationem observat:

Art. 2. Dieser pastorale Grundauftrag kommt ferner allen Hirten der Kirche zu. Sie haben die Pflicht und das Recht, sowohl als einzelne, wie auch in Partikularkonzilien oder Bischofskonferenzen versammelt, darüber zu wachen, daß Glaube und Sitten bei den ihnen anvertrauten Gläubigen keinen Schaden nehmen. Zu diesem Zweck können sie sich auch der Glaubenskommissionen bedienen, die institutionalisierte Beratungsorgane für die Bischofskonferenzen und die einzelnen Bischöfe in ihrer Sorge um die Glaubenslehre darstellen. Dabei bleibt aber das Prinzip unangetastet, daß der Heilige Stuhl zu jeder Zeit intervenieren kann; dies tut er normalerweise dann, wenn der Einfluß einer Veröffentlichung über die Grenzen einer Bischofskonferenz hinausgeht oder der Glaube einer besonders schweren Gefahr ausgesetzt ist. In diesem Fall hält sich die Glaubenskongregation an die im folgenden beschriebene Verfahrensweise.

I. Praevium examen

Art. 3. Doctrinae aut scripta significata, utcumque vulgata, ad curam et sollicitudinem Officii competentis subiciuntur, quod quidem eadem ad Congressus examen submittit. Postquam quaestionis gravitas perpensa est, Congressus statuit utrum necesse sit necne studium ab Officio institui.

I. Vorprüfung

Art. 3. Die angezeigten, wie auch immer verbreiteten Schriften und Lehrmeinungen werden vom zuständigen Ufficio einer aufmerksamen Lektüre unterzogen, deren Ergebnis dem Congresso zur Prüfung vorgelegt wird. Nach einer ersten Bewertung der Gewichtigkeit der Frage entscheidet der Congresso, ob ein Studium durch das Ufficio vorzunehmen ist oder nicht.

II. Studium Officio commissum

Art. 4. Scriptum, post eius authenticitatem comprobatam, accurato examini subicitur, uno vel pluribus Consultoribus cooperantibus, non exceptis aliis rei peritis.

II. Studium durch das Ufficio

Art. 4. Nach Feststellung seiner Authentizität wird die Schrift unter Mitarbeit eines oder mehrerer Konsultoren oder anderer Fachleute einer sorgfältigen Prüfung unterzogen.

Art. 5. Exitus examinis Congressui praesentatur, qui decernit utrum idem sufficiat ad interveniendum apud loci Auctoritates, an examen profundius peragi debeat iuxta modos praevisos, qui sunt: examen ordinarium vel examen peractum urgenti forma procedendi.

Art. 6. Normae huius iudicii inducendae sunt ex errorum, qui forte reprehendantur, evidentia, gravitate, divulgatione, influxu et periculo damni, quod fidelibus immineat.

Art. 7. Congressus, si studium peractum iudicaverit sufficiens, potest casum Ordinario directe committere et per ipsum Auctori notificare quaestiones doctrinales, quae in eius scripto continentur. Quo in casu, Ordinarius invitatur ut quaestionem profundius inspiciat et ab Auctore necessarias explicationes postulet, quae postea iudicio Congregationis sunt subicendae.

III. Examen ordinaria forma peragendum

Art. 8. Examen ordinarium adhibetur, cum scriptum aliquos errores doctrinales graves continere videtur, quorum agnitio attentam discernendi aciem requirit; eius tamen influxus negativus inter fideles urgere peculiari modo non videtur. Ipsum duas phases complectitur: phasem internam, quae investigatione praevia constituitur in Congregationis sede peragenda, et phasem externam, quae contestationem et colloquium praevidet cum Auctore.

Art. 9. Congressus duos aut plures peritos designat, qui scripta de quibus agitur examinent, suam sententiam expriment et decernant, num textus sit cum doctrina Ecclesia conformis.

Art. 10. Idem Congressus «Relatorem pro Auctore» nominat, qui in spiritu veritatis positivos doctrinae adspectus et merita Auctoris indicet, cooperetur ad sensum genuinum opinionis interpretandum in contextu theologico generali, et de influxu opinionum Auctoris iudicium proferat. Quam ad rem, ipse ius habet inspiciendi omnia acta, quae ad quaestionem pertineant.

Art. 5. Das Ergebnis dieser Prüfung wird dem Congresso vorgetragen, der darüber entscheidet, ob es ausreichend ist, um bei den örtlichen Autoritäten zu intervenieren, oder ob eine ausführlichere Prüfung gemäß den beiden vorgesehenen Verfahrensweisen, dem ordentlichen oder dringlichen Lehrprüfungsverfahren, erforderlich ist.

Art. 6. Die Kriterien für diese Entscheidung ergeben sich von den möglichen vorhandenen Irrtümern, wobei deren Offensichtlichkeit, Schwere, Verbreitung, Einfluß und Gefahr für die Gläubigen zu berücksichtigen sind.

Art. 7. Hält der Congresso die durchgeführte Prüfung für ausreichend, kann er den Fall direkt dem Ordinarius übergeben und durch dessen Vermittlung dem Autor die in der Schrift enthaltenen lehrmäßigen Probleme zur Kenntnis bringen. In diesem Fall wird der Ordinarius aufgefordert, die Frage zu vertiefen und den Autor zu ersuchen, daß er die notwendigen Klarstellungen vornehme, die anschließend dem Urteil der Kongregation zu unterbreiten sind.

III. Ordentliches Lehrprüfungsverfahren

Art. 8. Das ordentliche Prüfungsverfahren wird angewandt, wenn eine Schrift schwere lehrmäßige Irrtümer zu enthalten scheint, deren Aufdeckung ein sorgfältiges Unterscheidungsvermögen erfordert und deren möglicher negativer Einfluß auf die Gläubigen nicht zu besonderer Eile anzutreiben scheint. Dieses Verfahren hat zwei Phasen: die interne Phase, die aus der am Sitz der Kongregation vorgenommenen Voruntersuchung besteht, und die externe Phase, welche die Beanstandung und den Dialog mit dem Autor vorsieht.

Art. 9. Der Congresso bestimmt zwei oder mehrere Fachleute, welche die entsprechenden Schriften einer Prüfung unterziehen, in einem eigenen Gutachten dazu Stellung nehmen und beurteilen, ob der Text mit der kirchlichen Lehre übereinstimmt.

Art. 10. Der Congresso bestimmt auch den «relator pro auctore», dessen Aufgabe es ist, die positiven Aspekte der Lehre und die Vorzüge des Autors wahrheitsgemäß aufzuzeigen, zur richtigen Interpretation seines Denkens im allgemeinen theologischen Kontext beizutragen und ein Urteil über den Einfluß der Ansichten des Autors abzugeben. Zu diesem Zweck hat er das Recht auf

Art. 11. Relatio Officii, in qua continentur omnes notitiae etiam praecedentes utiles ad casum examinandum, peritorum sententiae et praesentatio «Relatoris pro Auctore» Consultorum Consilio distribuitur.

Art. 12. Ad Consultorum Consilium invitari possunt, praeter Consultores, «Relatorem pro Auctore» et Ordinarium ipsum, qui tamen substitui nequit et secreto devincitur, etiam periti qui sententias paraverunt. Discussio initium capit ab expositione «Relatoris pro Auctore», qui summam quaestionis praesentat. Post eum, Ordinarius Auctoris, periti et unusquisque Consultor, voce at scripto, suam sententiam proferunt de iis quae in textu examinato continentur. Deinde «Relator pro Auctore» et periti respondere poterunt animadversionibus, quae forte fiant, et res ipsas clarius explanare.

Art. 13. Peracta disceptatione, soli Consultores in aula permanent pro generali suffragatione de examinis exitu, ut decernent utrum in textu errores deprehendantur, an periculosae opiniones, eas certo demonstrando, prae oculis habitis variis categoriis veritatis, quas continet «Professio fidei».

Art. 14. Tota positio una cum disputationum perscriptione, Consultorum votis et suffragatione generali, examini Sessionis Ordinariae subicitur, cuius est decernere, utrum ad contestationem procedendum sit, an vero, si affirmative, quaenam sint capita consideranda.

Art. 15. Decisiones Sessionis Ordinariae considerationi Summi Pontificis submittuntur.

Art. 16. Si in phase praecedenti statutum est ut ad contestationem procederetur, huius rei certior reddendus est Ordinarius Auctoris aut Ordinarii, quorum interest, nec non competentia Dicasteria Sanctae Sedis.

Art. 17. Index propositionum erronearum aut periculosarum, quae contestandae sunt, una cum argumentis rationibus confirmatis et documentis pro

Einsicht in alle den Fall betreffenden Akten.

Art. 11. Der Bericht des Ufficio, der alle zur Prüfung des Falles nützlichen Unterlagen, die Gutachten der Fachleute und die Darstellung des «relator pro auctore» enthält, wird der Consulta zugeleitet.

Art. 12. Zur Consulta können neben den Konsultoren, dem «relator pro auctore», dem Ordinarius des Autors, der sich nicht vertreten lassen kann und an die Schweigepflicht gebunden ist, auch die Fachleute eingeladen werden, welche die Gutachten vorbereitet haben. Der «relator pro auctore» stellt zu Beginn der Diskussion den Sachverhalt in einer umfassenden Stellungnahme dar. Danach geben der Ordinarius des Autors, die Fachleute und alle Konsultoren mündlich und schriftlich ihr Gutachten zum Inhalt der untersuchten Veröffentlichung ab. Der «relator pro auctore» und die Fachleute können auf mögliche Einwände antworten und Klarstellungen vorschlagen.

Art. 13. Nach Abschluß der Diskussion bleiben zur allgemeinen Abstimmung über den Ausgang der Prüfung allein die Konsultoren im Sitzungszimmer, um festzustellen, ob die Schrift lehrmäßige Irrtümer oder gefährliche Auffassungen enthält. Diese sind im Licht der in der Professio fidei enthaltenen unterschiedlichen Kategorien der Wahrheitsverkündigung konkret anzugeben.

Art. 14. Das gesamte Dossier mit dem Protokoll über die Diskussion, dem Abstimmungsergebnis und den Gutachten der Konsultoren wird der Prüfung der Sessione ordinaria [Ordentlichen Versammlung] der Kongregation vorgelegt; diese entscheidet, ob eine Beanstandung des Autors erfolgen soll, und wenn ja, welche Punkte zu beanstanden sind.

Art. 15. Die Entscheidungen der Sessione ordinaria werden dem Papst vorgelegt.

Art. 16. Falls in der vorausgehenden Phase entschieden worden ist, eine Beanstandung vorzunehmen, sind der Ordinarius des Autors oder die betreffenden Ordinarien zu informieren, ebenso die zuständigen Dikasterien des Heiligen Stuhls.

Art. 17. Die Zusammenstellung der zu beanstandenden irrigen oder gefährlichen Ansichten wird, versehen mit einer entsprechenden Begründung und der zur

defensione necessariis, reticito nomine, per Ordinarium transmittitur Auctori eiusque Consiliario, quem ipse Auctor indicare iure potest, ut sibi assistat, approbante eodem Ordinario. Auctor intra tres menses utiles responsionem scripto exhibere debet. Opportunum est, ut Ordinarius, simul cum responsione Auctoris scripta, suam sententiam ad Congregationem perferendam curet.

Art. 18. Praevidetur etiam facultatem dari posse colloquendi inter Auctorem, ab eius Consiliario adiutum qui partem activam habeat in dialogo, et quosdam delegatos Congregationis. Quo in casu, delegati Congregationis, a Congressu nominati, perscriptionem colloquii redigere debent eamque una cum Auctore eiusque Consiliario subsignare.

Art. 19. Si Auctor responsionem scriptam non miserit, quae semper requiritur, Sessio Ordinaria consilia opportuna init.

Art. 20. Congressus responsionem Auctoris scriptam examinat, atque etiam colloquii perscriptionem, quod forte habitum sit. Si ex ipsis doctrinae capita vere nova appareant, quae subtilius perscrutari oporteat, decernit utrum quaestio Consultorum Consilio iterum praesen-tanda sit; quod quidem Consilium ampliari etiam potest aliorum peritorum insertione, Consiliario auctoris non excepto ad normam art. 17 nominato. Quod nisi evenerit, responsio scripta et colloquii perscriptio iudicio Sessionis Ordinariae subiciuntur.

Art. 21. Si Sessio Ordinaria putat modo positivo quaestionem solutam esse et responsionem sufficere, ulterius non procedatur. Si contra acciderit, tunc congruae cautiones capiantur etiam pro bono fidelium tutando. Praeterea Sessio decernat, utrum et qua ratione examinis exitus pervulgetur.

Art. 22. Decisiones Sessionis Ordinariae approbationi Summi Pontificis submittuntur, ac deinde cum Ordinario Auctoris, cum Conferentia Episcopali et cum Dicasteriis, quorum interest, communicantur.

Verteidigung erforderlichen Dokumentation «reticito nomine», durch den Ordinarius dem Autor und seinem Ratgeber zugestellt. Der Autor hat das Recht, diesen zu seiner Unterstützung zu benennen; dazu ist das Einverständnis des Ordinarius erforderlich. Der Autor muß innerhalb einer Frist von drei Monaten schriftlich seine Antwort vorlegen. Es ist angebracht, daß der Ordinarius zusammen mit der schriftlichen Antwort des Autors der Kongregation ein eigenes Gutachten zukommen läßt.

Art. 18. Vorgesehen ist auch die Möglichkeit einer persönlichen Begegnung des Autors mit Vertretern der Kongregation. Dabei ist auch dessen Ratgeber anwesend, der an dem Gespräch aktiv teilnimmt. In diesem Fall haben die Vertreter der Kongregation, die vom Congresso bestimmt werden, ein Gesprächsprotokoll abzufassen und dieses zusammen mit dem Autor und seinem Ratgeber zu unterschreiben.

Art. 19. Falls der Autor die geforderte schriftliche Antwort nicht übermittelt, trifft die Sessione ordinaria die entsprechenden Entscheidungen.

Art. 20. Der Congresso prüft die schriftliche Antwort des Autors sowie das Protokoll des eventuell erfolgten Gesprächs. Falls diese wirklich neue lehrmäßige Elemente enthalten, die eine eingehendere Bewertung erfordern, entscheidet er, ob die Frage erneut der Consulta vorzulegen ist, die durch andere Fachleute erweitert werden könnte, auch durch den gemäß Art. 17 bestimmten Ratgeber des Autors. Im gegenteiligen Fall werden die schriftliche Antwort und das Gesprächsprotokoll direkt der Sessione ordinaria zur Beurteilung unterbreitet.

Art. 21. Sollte die Sessione ordinaria die Frage als gelöst und die Antwort für ausreichend erachten, wird die Angelegenheit nicht weiter verfolgt. Im gegenteiligen Fall sind, auch zum Wohl der Gläubigen, die angemessenen Maßnahmen zu ergreifen. Darüber hinaus entscheidet die Sessione ordinaria, ob und wie das Ergebnis der Lehrprüfung zu veröffentlichen ist.

Art. 22. Die Entscheidungen der Sessione ordinaria werden dem Papst zur Approbation vorgelegt und danach dem Ordinarius des Autors, der Bischofskonferenz und den zuständigen Dikasterien mitgeteilt.

IV. Examen forma urgenti peragendum

Art. 23. Examen procedendi forma urgenti peragitur, cum scriptum clare et certo errores contineat, simulque ex eius divulgatione grave damnum fidelibus immineat vel iam adsit. Quo in casu, statim Ordinarius vel Ordinarii, quorum interest, nec non competentia Sanctae Sedis Dicasteria certiores fieri debent.

Art. 24 Congressus Commissionem nominat, cui speciale munus committit propositiones erroneas vel periculosas quam primum determinandi.

Art. 25. Propositiones, quae a Commissione indicatae sunt, una cum documentis quae ad rem pertinent, subiciuntur Sessioni Ordinariae, quae examini quaestionis praecedentiam concedet.

Art. 26. Quae propositiones, si a Sessione Ordinaria reapse erroneae ac periculosae iudicatae sunt, post Romani Pontificis approbationem, per Ordinarium transmittuntur Auctori, qui ad eas corrigendas intra tres menses utiles invitatur.

Art. 27. Si Ordinarius, audito Auctore, necessarium esse putat, ut ab eo explicatio quoque scripta requiratur, haec ad Congregationem transmittenda est, una cum Ordinarii ipsius sententia. Quae explicatio postea traditur Sessioni Ordinariae, ut opportunae decisiones capiantur.

V. Sanctiones

Art. 28. Si Auctor significatos errores non correxerit modo debito et adaequata divulgatione, atque Sessio Ordinaria concluserit ipsum incurrisse in delictum haeresiae, apostasiae aut schismatis, tunc Congregatio procedit ad declarandas poenas latae sententiae ab eodem contractas: adversus hanc declarationem recursus non admittitur.

Art. 29. Si Sessio Ordinaria pro comperto habet errores doctrinales exstare, contra quos poenae latae sententiae non praevidentur, Congregatio procedit ad normam iuris sive communis sive proprii.

IV. Dringliches Lehrprüfungsverfahren

Art. 23. Das dringliche Lehrprüfungsverfahren wird angewandt, wenn eine Schrift offensichtlich und sicher Irrtümer enthält und wenn durch deren Verbreitung ein schwerer Schaden für die Gläubigen entstehen könnte oder bereits entstanden ist. In diesem Fall werden sofort der Ordinarius oder die betreffenden Ordinarien sowie die zuständigen römischen Dikasterien benachrichtigt.

Art. 24. Der Congresso bestimmt eine Kommission mit dem besonderen Auftrag, die irrigen und gefährlichen Ansichten so schnell wie möglich näher zu bezeichnen.

Art. 25. Die von dieser Kommission ausfindig gemachten Ansichten werden zusammen mit der entsprechenden Dokumentation der Sessione ordinaria unterbreitet, die der Prüfung der Frage Vorrang einräumt.

Art. 26. Falls die Sessione ordinaria die genannten Ansichten tatsächlich als irrig oder gefährlich beurteilt, werden sie nach der Approbation des Papstes durch den Ordinarius dem Autor übermittelt mit der Aufforderung, diese innerhalb einer Frist von zwei Monaten richtigzustellen.

Art. 27. Hält es der Ordinarius nach Anhörung des Autors für notwendig, diesen auch um eine schriftliche Erklärung zu bitten, muß diese zusammen mit der Stellungnahme des Ordinarius der Kongregation zugesandt werden. Diese Erklärung wird daraufhin der Sessione ordinaria zur Entscheidung vorgelegt.

V. Maßnahmen

Art. 28. Sollte der Autor die angezeigten Irrtümer nicht in befriedigender Weise und in angemessener öffentlicher Form richtigstellen und die Ordentliche Versammlung zur Schlußfolgerung kommen, daß er sich die Straftat der Häresie, der Apostasie oder des Schismas zugezogen hat, schreitet die Kongregation zur Erklärung der latae sententiae zugezogenen Strafen; gegen diese Erklärung ist eine Beschwerde nicht zugelassen.

Art. 29. Wenn die Sessione ordinaria das Vorhandensein von lehrmäßigen Irrtümern feststellt, die keine Strafen latae sententiae vorsehen, handelt die Kongregation nach Maßgabe des universalen bzw. Eigenrechts.

Summus Pontifex Ioannes Paulus II, in Audientia infrascripto Cardinali Praefecto die 30 maii 1997 concessa, has normas ratas habuit atqueconfirmavit in Sessione Ordinaria huius Congregationis statutas, simul art. 28-29 in forma specifica approbando, contrariis quibuslibet non obstantibus, easque publici iuris fieri iussit.

Romae, a Sede Congregationis pro Doctrina Fidei, die 29 Junii 1997, in Sollemnitate S.S. Apostolorum Petri et Pauli.

+ JOSEPH Card. RATZINGER
Praefectus

+ Tarsicius Bertone, S.D.B.
Archiepiscopus Emeritus Vercellensis
Secretarius

Papst Johannes Paul II. hat in der dem unterzeichneten Kardinalpräfekten am 30. Mai 1997 gewährten Audienz die vorliegende Ordnung, die in der Ordentlichen Versammlung dieser Kongregation beschlossen worden war, gebilligt und die Art. 28-29 in forma specifica approbiert und deren Veröffentlichung angeordnet contrariis quibuslibet non obstantibus.

Rom, am Sitz der Kongregation für die Glaubenslehre, dem 29. Juni 1997, am Hochfest der heiligen Apostel Petrus und Paulus.

+ Joseph Card. RATZINGER
Präfekt

+ Tarcisio Bertone, S.D.B.
Erzbischof em. von Vercelli
Sekretär

Ordensakronyme

CSsR
Congregatio Sanctissimi Redemptoris
(Gesellschaft des Heiligsten Erlösers oder Redemptoristen)

OFM
Ordo Fratrum Minorum
(Franziskaner oder Minderbrüder)

OMI
Oblati Mariae Immaculatae
(Oblaten der unbefleckten Jungfrau Maria oder Oblatenmissionare)

OP
Ordo Fratrum Praedicatorum
(Dominikaner oder Predigerbrüder)

SJ
Societas Jesu
(Gesellschaft Jesu oder Jesuiten)

SDS
Societas Divini Salvatoris
(Gesellschaft des Göttlichen Heilandes oder Salvatorianer)

SSND
Congregatio Sororum Scholasticarum Pauperum a Nostra Domina
(Arme Schulschwestern von Unserer Lieben Frau)

SVD
Societas Verbi Divini
(Gesellschaft des göttlichen Wortes oder Steyler Missionare)

Literaturverzeichnis

Rechtsquellen

Apost. Konst. Pastor bonus (28. Juni 1988), in: AAS 80 (1988) 841-924.

Apost. Konst. Regimini Ecclesiae Universae (15. August 1967), in: AAS 59 (1967) 885-928.

Codex Canonum Ecclesiarum Orientalium – Gesetzbuch der katholischen Ostkirchen, Lateinisch-deutsche Ausgabe. Herausgegeben von Libero Gerosa und Peter Krämer. Übersetzt von Gerd Ludwig und Joachim Budin. Bearbeitet von Sabine Demel, Libero Gerosa, Peter Krämer, Ludger Müller. Liturgiewissenschaftliche und ostkirchenkundliche Fachberatung Michael Kunzler, Paderborn 2000 (= Amateca – Repertoria ; Bd. 2). [Kurz: CCEO]

Codex Iuris Canonici – Codex des kanonischen Rechtes, lat./dt. Ausgabe, Kevelaer ³1989. [Kurz: CIC/1983 oder bloß: CIC]

Codex Iuris Canonici: Pii X Pontificis Maximi iussu digestus Benedicti Papae XV auctoritate promulgatus / praefatione Emi. Petri Card. Gasparri et indice analytico-alphabetico auctus, Typis Polyglottis Vaticanis MCMXXXIII. [Kurz: CIC/1917]

Decretum de interpretatione "Notificatio" die 14 iunii 1966 circa "Indicem" librorum prohibitorum (15. November 1966), in: AAS 58 (1966) 1186.

Instruktion über einige Aspekte des Gebrauchs der sozialen Kommunikationsmittel bei der Förderung der Glaubenslehre – Concilium Vaticanum II (30. März 1992), in: Communicationes 24 (1992) 18-27. Veröffentlicht in: Verlautbarungen des Apostolischen Stuhls 106, hrsg. vom Sekretariat der Deutschen Bischofskonferenz, Bonn 1992.

Kongregation für die Glaubenslehre, Agendi ratio in doctrinarum examine (29. Juni 1997), in: AAS 89 (1997) 830-835; abgedruckt in AfkKR 166 (1997) 142-147. [Kurz: Ratio]

Kongregation für die Glaubenslehre, Dekret „Die Aufsicht der Hirten der Kirche über die Bücher" vom 19.3.1975 (Decretum de Ecclesiae pastorum vigilantia circa libros), in: AAS 67 (1975) 281-284.

Kongregation für die Glaubenslehre, Dekret vom 15.11.1966, in: AAS 58 (1966) 1186.

Kongregation für die Glaubenslehre, Nova agendi ratio in doctrinarum examine (15. Jänner 1971), in: AAS 63 (1971) 234-236. [Kurz: Nova Ratio]

Motu proprio Integrae servandae (7. Dezember 1965), in: AAS 57 (1965) 952-955.

Notifikation bezüglich einiger Veröffentlichungen von Professor Dr. Reinhard Messner der Kongregation für die Glaubenslehre vom 30. November 2000, in: AAS 93 (2001) 385-395.

Notifikation der Kongregation für die Glaubenslehre (André Guindon), in: OS (Osservatore Romano) vom 31. Jänner 1992, 5f.

Notifikation der Kongregation für die Glaubenslehre vom 13. April 1979 (Jacques Pohier), in: AAS 71 (1979) 446f.

Notifikation der Kongregation für die Glaubenslehre vom 15. Februar 1975 (Hans Küng), in: AAS 67 (1975) 203f.

Notifikation der Kongregation für die Glaubenslehre vom 2. Jänner 1997 (Tissa Balasuriya), in:

OR (Osservatore Romano) vom 5. Januar 1997.

Notifikation der Kongregation für die Glaubenslehre vom 24. Jänner 2001 (Jacques Dupuis), in: AAS 94 (2002) 141-145.

Notifikation der Kongregation für die Glaubenslehre vom 31. Mai 1999 (Jeannine Gramick und Robert Nugent), in: AAS 91 (1999) 821-825.

Notifikation der Kongregation für die Glaubenslehre vom November 26, 2006 (Jon Sobrino), in: AAS 99 (2007) 181-194.

Rahner, Karl/Vorgrimler, Herbert: Kleines Konzilskompendium. Sämtliche Texte des Zweiten Vatikanums. Allgemeine Einleitung – 16 spezielle Einführungen – ausführliches Sachregister, 32. Auflage, Freiburg/Basel/Wien 2005.

Schreiben der Kongregation für die Glaubenslehre (Anthony Kosnik), in: Leges Ecclesiae post Codicem iuris canonici editae. Collegit, digessit notisque ornavit Xaverius Ochoa in Universitate Lateranensi Professor, Volumen VI, Leges Annis 1979-1985.

Schreiben der Kongregation für die Glaubenslehre vom 13. Juni 1984 (Edward Schillebeeckx), in: AAS 77 (1985) 994-997.

Schreiben der Kongregation für die Glaubenslehre vom 15. Juni 1977 (John McNeill), in: Leges Ecclesiae post Codicem iuris canonici editae. Collegit, digessit notisque ornavit Xaverius Ochoa in Universitate Lateranensi Professor, Volumen V, Leges Annis 1973-1978.

Schreiben der Kongregation für die Glaubenslehre vom 25. Juli 1986 (Charles Curran), in: AAS 79 (1987) 116-118.

Literatur

Aymans, Winfried: „Begriff, Aufgabe und Träger des Lehramts", in: Listl, Joseph/Schmitz, Heribert (Hrsg.): Handbuch des katholischen Kirchenrechts (HdbKathKR) [2]1999, [659]-669.

Barwasser, Carsten: Theologie der Kultur und Hermeneutik der Glaubenserfahrung. Zur Gottesfrage und Glaubensverantwortung bei Edward Schillebeeckx OP, Berlin 2010 (= Religion – Geschichte – Gesellschaft, Fundamentaltheologische Studien; Band 47).

Böckenförde, Werner: „Lehrbeanstandung in der röm.-kath. Kirche und das Verfahren der Kongregation für die Glaubenslehre. Anmerkungen aus juristischer Sicht", in: Zeitschrift für evangelisches Kirchenrecht (ZevKR) 32 (1987), [258]-279.

Greinacher, Norbert/Haag, Herbert (Hrsg.): Der Fall Küng. Eine Dokumentation, München 1980.

Häring, Hermann/Kuschel, Karl-Josef (Hrsg.): Hans Küng. Weg und Werk. Chronik, Essays, Bibliographie. Für die Taschenbuchausgabe erweiterte und aktualisierte Fassung, München 1981.

Heinemann, Heribert: Lehrbeanstandung in der katholischen Kirche. Analyse und Kritik der Verfahrensordnung, Trier 1981 (= Canonistica, Beiträge zum Kirchenrecht, herausgegeben von Heribert Schmitz; Band 6).

Heinemann, Heribert: „Schutz der Glaubens- und Sittenlehre", in: Listl, Joseph/Schmitz, Heribert (Hrsg.): Handbuch des katholischen Kirchenrechts (HdbKathKR) ²1999, 708-721.

Jens, Walter (Hrsg.): Um nichts als die Wahrheit. Deutsche Bischofskonferenz contra Hans Küng. Eine Dokumentation, München 1978.

Kaufmann, Ludwig: Ein ungelöster Kirchenkonflikt: Der Fall Pfürtner. Dokumente und zeitgeschichtliche Analysen, Freiburg (Schweiz) 1987.

Knopp, Guido: Vatikan. Die Macht der Päpste, München 1998.

Krämer, Peter: „Kirche und Bücherzensur. Zu einer neuen Instruktion der Kongregation für die Glaubenslehre", in: Theologie und Glaube (ThGl) 83 (1993) 72-80.

Krätzl, Helmut: Im Sprung gehemmt. Was mir nach dem Konzil noch alles fehlt, Mödling 1998.

Küng, Hans: Erkämpfte Freiheit. Erinnerungen, München 2004.

Küng, Hans: Unfehlbar? Eine Anfrage, Frankfurt am Main/Berlin/Wien 1980.

Laubach, Thomas: „Kirchliche Weisungen. Zum Verhältnis von institutioneller Autorität und persönlichem Urteil", in: Hunold Gerfried W./Laubach Thomas/Greis Andreas (Hrsg.): Theologische Ethik. Ein Werkbuch, Tübingen/Basel 2000, [223]-242.

Lederhilger, Severin: „Gibt es ein Recht auf Dissens in der Kirche? Zur Meinungsfreiheit kirchlicher Amtsträger und zum neuen Lehrbeanstandungsverfahren", in: Österreichisches Archiv für Kirchenrecht (ÖAKR) 44 (1995-97) 115-141.

Lexikon für Theologie und Kirche. Herausgegeben von Walter Kasper u.a., Sonderausgabe 2006 (Durchgesehene Ausgabe der 3. Auflage 1993-2001), Freiburg im Breisgau 2006. [Kurz: LThK ³2006]

Moltmann, Jürgen: Der gekreuzigte Gott. Das Kreuz Christi als Grund und Kritik christlicher Theologie, München 1972.

Neumahr, Uwe: Inquisition und Wahrheit. Der Kampf um den reinen Glauben. Von Peter Abaelard und Bernhard von Clairvaux bis Hans Küng und Josef (sic!) Ratzinger, Stuttgart 2005.

Neumann Johannes: „Zur Problematik lehramtlicher Beanstandungsverfahren", in: Tübinger Theologische Quartalschrift (ThQ) 149 (1969) [259]-281.

Puza, Richard: Katholisches Kirchenrecht, Heidelberg 1986.

Ranke, Leopold von: Die Geschichte der Päpste. Dir Römischen Päpste in den letzten vier Jahrhunderten. Kardinal Consalvi und seine Staatsverwaltung unter dem Pontifikat Pius VII. Hrsg. von Professor Dr. Willy Andreas, München/Wiesbaden o.J.

Reese, Thomas J.: Im Inneren des Vatikan. Politik und Organisation der katholischen Kirche. Mit einem Nachwort von Otto Kallscheuer, Frankfurt am Main, ⁴2005.

Rhode, Ulrich: „Die Lehrprüfungs- und Lehrbeanstandungsverfahren", in: Müller, Ludger (Hrsg.): Rechtsschutz in der Kirche, Wien/Berlin 2011 (= Kirchenrechtliche Bibliothek; Band 15) 39-57.

Schmitz, Heribert: „Notificationes Congregationis pro doctrina fidei uti decisiones, in quibus exitus doctrinarum examinis secundum normas contentas in Ordine nuncupato 'Agendi ratio in doctrinarum examine' pervulgentur. Kanonistische Anmerkungen zu den Notifikationen über den Abschluß eines Lehrprüfungsverfahrens", in: Archiv für katholisches Kirchenrecht (AfkKR) 171 (2002) [371]-399.

Seeber, David Andreas: Das Zweite Vaticanum. Konzil des Übergangs, Freiburg im Breisgau 1966.

Steinhauer, Eric W.: „Von der Inquisition zur Lehrbeanstandung: ein historischer Rückblick", in: Haas, Reimund; Steinhauer, Eric W. (Hrsg.): Die Hand des Herrn hat diesen Weinberg angelegt und ihn gepflegt, Münster 2006 (= Festgabe für Karl Josef Rivinius SVD) [289]-305.

Tammler, Ulrich: Tutela iurium personarum: Grundfragen des Verwaltungsrechtsschutzes in der katholischen Kirche in Vergangenheit und Gegenwart, Amsterdam 1981 (= Kanonistische Studien und Texte; Band 32).

Walf, Knut: „Was Eugen Drewermann kirchenrechtlich zu erwarten hat", in: Eicher, Peter (Hrsg.): Der Klerikerstreit. Die Auseinandersetzung um Eugen Drewermann, München 1990, 317-[324].

Wolf, Hubert: Index. Der Vatikan und die verbotenen Bücher, München 2007.

Personenregister